액트프레스

실행을 성공으로 바꾼
창업가들

액트비욘드

언더독스
×
김지윤 지음

10년간 2만 명을 양성한
언더독스가 바라본,
살아남는 사업가의
공통점

ㅌ

❋ 들어가며

외국어의 한글 표기는 국립국어원 표준국어대사전의 외래어표기법을 원칙으로 하되, 실제 발음과의 괴리가 큰 경우 실제 발음에 가깝게 표기하였습니다. 예) 콘셉트 → 컨셉

차례

프롤로그: 나와 당신의 실행이 세상을 바꿉니다   8

1장. 언더독스, 10년의 액트프러너십

그렇게 착해서 창업할 수 있겠어?   16

무료로 창업 교육해드립니다!   24
— 비행기를 조립하며 날아오르는 실행력

창업을 강의실에서 가르칠 수 있어요?   32
— 기존 교육의 문제를 해결한 문제 해결 능력

창업 교육이 돈이 되겠어?   44
— 외부 투자 없이 성공을 불러온 리더십

혼자서 성공할 수 있는 사람은 없다   52
— 고객과 팀원의 피드백을 성장의 원동력으로 바꾼 협업 스킬

창업 교육에서 그런 것도 가르쳐요?   64
— 창업 교육에 ESG를 적용한 시장 중심 관점

실행으로 증명해온 시간   72
— 언더독스 사업 10년 차의 회고

액트프러너가 되기 위한 실행 1   78
— 문제 정의와 관점 도출

2장. 당신은 액트프러너인가

시대가 원하는 기업가 … 84

액트프러너, 모험을 떠나는 사람 … 90

가능성을 현실로 만드는 액트프러너의 5가지 역량 … 100

당신은 '창업'을 오해하고 있을지도 모른다 … 112

자영업자도 액트프러너가 될 수 있나요? … 118

팀도 액트프러너가 된다 … 126

액트프러너가 되기 위한 실행 2 … 134
　― 액트프러너의 5가지 역량 평가

3장. 언더독스가 만난 액트프러너

세계 유일의 장난감 재활용 공장, 코끼리공장 … 140

여수에서의 모든 경험을 여행으로 만든 여수와 … 150

걷기 리워드앱 빅워크가 돈을 버는 방법 … 160

종이 가구로 세계를 사로잡은 페이퍼팝 … 170

NASA에서도 찾은 친환경 어메니티, 서스테이너블랩 … 180

액트프러너가 되기 위한 실행 3 … 190
　― 이해관계자 교류 계획 수립표 작성

4장. 언더독스가 그리는 액트프러너십의 미래

누구나 액트프러너가 되는 세상	196
액트프러너십의 글로벌화, 예견된 미래	204
혼자 잘해봐야 아무 소용 없습니다	212
실행이 생존이다	218
액트프러너 코칭 노트	224
2만 명이 검증한 액트프러너십	232
액트프러너가 되기 위한 실행 4 — 액션 리스트 작성	240

에필로그: 지금 알고 있는 걸 그때도 알았더라면	242
출처	250
부록1. 언더독스, 10년의 액트프러너십 타임라인	254
부록2. '좋은 실행'을 위한 코칭의 역할: 언더독스 유연성 파트너	257

프롤로그:
나와 당신의 실행이 세상을 바꿉니다

저는 12년 차 창업가입니다. 창업가로서 지난 12년을 곰곰 돌이켜보니, 창업이라는 건 항상 새롭게 무언가를 만들어내고 설득하는 일이었습니다. 그 과정은 가설을 증명하는 '실행'의 무한 반복을 통해 쌓여가는 실패와 성공의 집합체였습니다.

당연하게도 그 어떤 생각도 실행으로 옮기지 않았을 때는 아무도 제가 어떤 생각을 가지고 무엇을 바꾸고자 하는지 알아주지 않았습니다. 하지만 무엇이든 일단 실행하고 나면 그때부터 주변의 상황이 놀랍도록 바뀌었습니다. 이미 그 일을 '실행'하고 있는 사람이 되었고, 그로 인해 제 주변에 기대하지 못했던 많은 기회와 변화가 일어났습니다. 공감하는 동료와 고객, 파트너가 늘어나는 놀라운 경험의 과정이 바로 창업이 아닐까 합니다.

실행을 통한 놀라운 변화를 경험하고 나니 창업가(entrepreneur)의 정체성을 잘 표현하는 새로운 단어가 필요하다는 생각이 들었습니다. 한양대학교 신현상 교수님의 도움으로 창업가를 표현하는 영어 단어 'entrepreneur'에서 'entre' 대신 실행을 뜻하는 'act'를 넣어 'act-preneur', 즉 '실행을 통해 변화를 만드는 사람'이라는 새로운 단어를 만들었습니다.

우리는 그 어느 때보다도 act-preneur가 의미 있는 세상에 살고 있습니다. 오늘날은 누군가에 의한 실행이 아니라 스스로 실행을 결정해야 하는 시대입니다. 그렇기에 우리는 실행을 주저하지 않는 용기와 함께 실행하는 방법 그리고 빠른 실행과 재실행의 과정을 배우고 끊임없이 도전해야 합니다.

자신만의 일을 해보고 싶은 사람뿐만 아니라 실행을 주저하는 사람, 어떻게 실행해야 할지 모르는 사람, 완벽한 준비에 집착하느라 시도하지 못하는 사람, 도전의 성취를 얻고자 하는 사람, 나아가 인생의 변화를 만들고 싶은 사람에게 누구나 실행을 통해 변화를 만들 수 있음을 전하고 싶습니다.

언더독스는 '액트프러너를 통해 세상을 바꾼다'는 원대한 꿈을 가지고 실행의 과정을 지금도 반복하고 있습니다. 무상으로 창업가들을 교육하여 함께 세상을 바꾸겠다는 목표는 여전히 벽에 부딪혀 실패와 도전을 반복하고 있습니다. 그러나 우리가 이루고자 하는 하나의 목표를 가지고 다양한 방식으로 도전해왔기에 그 실행의 결과물이 쌓여서 정체되지 않고 앞으로 나아갈 수 있었던 것 같습니다.

언더독스의 실행 과정을 요약하면 다음과 같습니다.

미션은 뚜렷한 하나, 도전은 다양한 방식으로

미션을 가장 효율적으로 달성하는 방법은 다양한 실행, 동시다발적인 도전으로 시간을 단축하는 것이라고 봅니다. 언더독스는 '액트프러너를 통해 세상을 바꾼다'는 뚜렷한 미션 하에 액트프러너를 발굴하고 육성할 무상 교육 모델에 최초로 도전했습니다. 그 결과 10년간 2만여 명의 액트프러너를 양성했습니다.

이후 성장 단계에 따라 액트프러너의 실행 범위와 속도를 높이도록 돕는 소상공인 마케팅 지원, 컨설팅, 지역 활성화 이벤트 기획 등 다양한 솔루션을 제공하는 것으로 비즈니스를 확대했습니다. 액트프러너의 변화 속도와 범위를 확장할 수 있는 새로운 서비스를 끊임없이 만들어내고 론칭하는 경험자산을 바탕으로 미션 달성에 다가가고자 합니다.

실행, 실행, 실행!

어떤 일이든 실행은 참 어려운 것 같습니다. 실행도 습관이니까요. 실행을 통해 작은 변화를 만들어낸 경험이 있는 사람은 변화의 크기를 더 키워나갈 수 있습니다. 그렇기에 언더독스는 용기 있게 시작하고 도전하는 것이 중요하다고 생각합니다.

그래서 우리는 자기주도적으로 새로운 실행을 하고자 하는 동료를 적극적으로 응원하고 지원합니다. 결과적으로 실패하더라도 실행 경험을 자산화하면 뒤이어 오는 다음 동료가 성공할 수 있는 토대가 마련된다고 믿기 때문입니다.

도전-회고-실행의 무한반복이 성공 가능성을 높인다

실행은 실패를 동반합니다. 완벽한 성공은 없기에 어떤 실행이든 항상 배울 점과 바꿀 것이 뒤따릅니다. 그렇기에 언더독스는 같은 실수를 반복하지 않기 위해 실행의 역사를 조직에 남기려 애쓰고 또 노력하고 있습니다.

예측불가능을 즐거움으로

좋은 일이든 나쁜 일이든 예측불가능한 일이 벌어진다는 것이 사업의 본질적 재미라고 생각합니다. 무상으로 창업 교육을 처음 시작할 때만 하더라도 그 누가 지금의 언더독스를 상상할 수 있었을까요? 현재 언더독스는 무상 교육 모델로 상장에 도전하고, 아시아 전역에서 창업가를 교육하며, 교육뿐만 아니라 여러 사업을 전 세계에서 벌이고 있습니다. 결국은 살아남았기에 도전을 계속할 수 있었지만, 새로운 일들을 기회라고 여기는 태도가 어려움을 이겨낸 가장 큰 원동력이었다고 봅니다. 사회적 기업가를 양성하는 창업 교육으로 첫발을 뗀 언더독스의 지난 10년 동안 수많은 실행과 도전을 반복하며, 우리는 늘 질문해왔습니다.

"더 나은 세상을 만들기 위해, 우리는 어떤 방식으로 실행해야 할까?"

이러한 고민의 결과, 창립 10주년을 맞이한 2025년, 언더독스는 우리가 믿는 '좋은 비즈니스'의 가치를 더 넓고 깊게 실현하고자 '유디임팩트'라는 새로운 이름으로 다시 태어났습니다. 창업 교육을 넘어 ESG 종합솔루션 기업으로서 아시아 전역의 파트너들과 함께 미래 일자리 창출과 지역사회 활성화, 소상공인의 성장을 통한 변화로 임팩트를 만들겠다는 선언이자 도전입니다.

앞으로도 우리는 세상을 바꾸는 실행을 멈추지 않을 것입니다. 실패해도 다시 도전하고, 도전 속에서 배움을 찾으며, 더 많은 사람과 함께 움직일 것입니다.

이 책을 읽는 모든 분과 함께 실행을 통해 세상을 바꿔보고 싶습니다. 많은 사람이 움직일수록 세상을 더 빨리 바꿀 수 있습니다. 같이 움직이고 더 많은 실행을 해보고 싶습니다. 작은 변화가 모여서 만드는 거대한 변화는 비록 느릴지언정 더 오래간다고 믿습니다.

무엇보다도 끊임없는 도전의 과정을 함께해주는 언더독스의 모든 동료에게 진심으로 감사하며, 그들에게 가장 큰 영광을 돌리고 싶습니다.

우리가 도전하는 과정이 실행을 앞둔 분들에게 작은 의미가 되길 바랍니다.

2025년 2월
언더독스 창업자 김정헌 대표

1장

언더독스,
10년의
액트프러너십

언더독스는 지난 10년간 2만여 명의 예비·초기 창업가를 키워냈다. 그 과정에서 창업가에게 가장 중요한 것은 '실행'임을 깨달았다. 이러한 실행 중심 마인드셋을 강조하기 위해 만들어낸 말이 바로 액트프러너십(actpreneurship)이다. 실행을 의미하는 액트(act)와 기업가정신을 뜻하는 앙트프러너십(entrepreneurship)의 합성어로, 액트프러너십을 갖추고 실행하는 창업가를 액트프러너(actpreneur)라 한다.

언더독스는 스스로 액트프러너의 표본이 되어 실행의 가치를 증명하고자 했고, 결국 빈손으로 창업 교육 시장에 뛰어들어 누적 매출 500억 원을 기록한 사회적 기업이 되었다.

그렇게 착해서 창업할 수 있겠어?

11년 전, 창업의 기로에 선 언더독스 김정헌 대표에게는 여러 선택지가 있었다. 매출을 높이는 데 집중하는 자영업, 빠르게 유저를 모아 급성장하는 벤처 회사 그리고 사회 문제를 해결하고자 미션 중심으로 출발하는 사회적 기업. 모두 장단점이 있고, 다른 의미에서 매력이 있는 선택지였다.

고민 끝에 김 대표는 다시금 사회적 기업가가 되기로 했다. 돈과 명예도 좋지만, 그보다는 사회의 관심이 부족한 곳, 사각지대에 놓은 사람들에게 도움을 주고 싶은 마음이 컸기 때문이다.

이미 컨설팅펌을 거쳐 컨셉 셰어하우스 우주(WOOZOO)를 창업한 경험이 있으니 이번 창업은 어렵지 않을 거라 여겼다. 그러나 현실은 달랐다. 0에서 출발해 1을 만들어야 하는 창업가의 길은 언제나 힘들 수밖에 없었고, 그중에서도 사회적 기업가의 길은 더욱 험난했다. 사람들은 창업가가 보여주는 매출이나 정량적 지표 같은 '결과'에만 초점을 맞췄다. 사업은 결과로 증명하면 그만이라는 게 정설로 여겨졌다. 사회 문제를 해결해 더 나은 세상을 만들겠다는 '좋은 의도'만으로는 창업 초기에 관심을 끌기도, 투자나 실질적인 도움을 받기도 쉽지 않았다. 당시만 해도 창업에 대한 정부 지원도 지금만큼 촘촘하지 않았다. 좋은 의도를 응원해주는 사람은 많았지만, 초기에 사회적 기업가가 실질적인 도움을 얻기는 하늘의 별 따기였다.

"좋은 일 하시네요. 그런데 그렇게 착해서 창업할 수 있겠어요?"

이런 말을 들을 때면 기운이 쭉 빠졌다. 아무리 좋은 의도가 있고 의지가 확고했어도 몇 번이나 포기할까 싶은 마음도 들었다. 그때마다 다시금 의지를 다잡았지만, 여전히 선한 의지만으로는 창업하기 어려운 게 현실이었다. 사회 문제를 해결하고 그 가치를 인정받는 사업도 분명 세상에 필요할 텐데, 좋은 의도만으로 혹독한 창업 현실을 버텨내기란 녹록지 않았다.

그러나 이런 현실을 자각하자 오히려 더더욱 반드시 해내야 한다는 생각이 들었다.

"이미 여러 번 창업해본 나도 이렇게 힘든데, 다른 사람들은 오죽할까?"

이런 생각이 들자 자신처럼, 아니 자신보다도 더 힘겨울 다른 창업가들을 돕고 싶어졌다. 좋은 말이나 조언이 아니라 실질적으로, 비즈니스적으로 도움을 주고 싶었다. 창업하고 싶어도 어디서부터 어떻게 해야 할지 몰라 어려움을 겪고 있는 사람들에게 실질적인 도움을 주는 사회적 기업이 필요하다. 김 대표의 문제의식은 여기서 출발했다.

마침 일본에서는 '사회적 기업을 돕는 사회적 기업'이 등장해 주목받고 있었다. 2007년 설립된 '보더리스'로, 여러 소셜벤처를 자회사로 둔 그룹사 형태의 기업이었다. 2025년 현재는 교육, 기업 투자, 국내외 자회사 운영, 기업 대출 등 여러 분야를 다루고 있다.

어떻게 하면 사회 문제를 해결하는 창업가를 도울 수 있을까 고민하던 김 대표에게 보더리스는 영감을 주었다. 힘들수록 함께 뭉쳐서, 한 울타리에서 사업적인 도움을 주고받아야 한다는 영감이었다.

"사회적 기업을 만드는 사회적 기업이 있다면 어떨까?"

이 생각은 나무가 가지를 뻗어 가듯 쭉쭉 펼쳐졌다. 이내 사회 문제가 늘어나는 시대에는 그 문제를 해결하는 창업가의 수도 비약적으로 증가해야 한다는 청사진이 그려졌다.

"100억의 가치를 가진 1개의 회사보다는 1억의 가치를 가진 회사 100개를 만들자! 그럼 100가지 문제를 해결할 수 있을 거야!"

여러 사회 문제를 해결하는 사회적 기업, 나아가 그들을 아우르는 '사회적 대기업'이 새로운 비전이 됐다.

비전을 이루기 위해서는 많은 것이 필요했다. 사회적 기업인 만큼 자신의 이익보다 다른 사람을 먼저 생각하는, 기버(Giver) 성향을 가진 사람이 더 많이 필요했다. 그러나 그것만으로는 부족했다. 대부분은 창업의 문턱에서 큰 벽을 마주할 테니, 이들에게는 실질적인 도움과 커뮤니티, 지지 기반이 필요할 것이 분명하다. 사회적 기업가에게도 비즈니스 컨설팅, 세일즈 및 마케팅 지원, 재무적인 조언이 필요하다. 세상에 좋은 의도만으로 끝까지 살아남는 기업은 없고, 모든 기업이 '비즈니스'와 함께 갈 때

선한 의지도 더 멀리 갈 수 있을 테니까.

사회적 창업가를 돕는 네트워크를 구축하고, 이를 통해 사업적인 성공까지 이루는 것. 그게 김 대표의 목표였다.

"다양한 중소형 기업의 사업이 지속돼야, 그만큼 여러 모습으로 사회 변화가 일어날 것이다."

이는 평소 김 대표의 신념이었다. 모두를 제치고 성공한, 유일한 창업가의 스토리보다 오히려 주위에서 흔히 볼 법한 창업가의 생존기가 현실적인 롤모델이 된다는 믿음이 있었기 때문이다. 이는 100억 가치의 회사 하나보다 1억 가치의 회사 100개를 만든다는 청사진과도 맞닿아 있다. 이런 기업 100개가 살아남아 100가지 문제를 해결한다면, 많은 사람에게 '나도 할 수 있지 않을까?'라는 동기부여가 될 것이라 믿었다.

그러나 당시만 해도 생소했던 '사회적 기업을 돕는 사회적 기업'이라는 컨셉에 선뜻 손을 내미는 곳을 찾기는 어려웠다. 사회적 기업을 다방면에서 비즈니스적으로 돕는 사회적 기업도, 다양한 분야의 사회적 기업을 자회사 삼아 하나의 그룹으로 묶는 그림도 낯설었다. 소셜벤처에 투자하는 임팩트 투자사는 있을지 몰라도, 이런 생소한 컨셉의 기업에 투자하거나 합류할 사람을 찾긴 쉽지 않았다. 결국, 맨손으로 창업하는 수밖에 없었다.

창업 초기 김정헌 대표가 투자 유치보다 주력했던 것은 팀을 만드는 일이었다. '사회적 기업을 만드는 사회적 대기업'이라는 취지에 공감하고 동참하는 사람들, '사회적 기업가도 성공할 수 있다'는 믿음이 있는 사람들, '그런 사회적 기업들을 만들겠다'는 사람들을 모아 팀을 만들고자 했다. 사무실도, 심지어 구체적인 사업 아이템도 없었지만, 뜻이 맞는 사람들을 찾아 자신의 비전을 제시하고 설득했다.

초기 팀원을 찾기 힘들었던 이유 중 하나는, 이들이 같은 문제의식에 공감해야 한다는 것 외에도 한 명 한 명이 '일당백'이라 할 만한 사람이어야 한다는 생각이었다. 기업에서 초기 팀원은 창업가 만큼 회사의 성패에 중요한 역할을 하기 때문이다. 다행히 멤버가 하나둘 보태지면서 팀의 윤곽이 잡혀갔다.

물론 더 많은 사람이 사회 문제를 해결하는 창업가가 되는 미래, 지속해서 문제를 해결하도록 서로 지지 기반이 돼 주는 세상을 어떻게 만들 수 있을지도 중요했지만, 어떻게 당장 돈을 벌지도 고심해야 했다.

초기에는 공간 임대를 통해 사회적 기업가들을 돕는 등 여러 아이디어를 실행에 옮겼다. 그 과정에서 수많은 우여곡절과 좌충우돌을 겪으면서 새로운 실행 방안을 찾기 바빴다. 그러던 중, 한 아이디어에 모든 팀원의 격렬한 지지가 모였다. 바로, 창업에 관심 있는 사람들을 모으기 위해 '무료로 창업 교육을 해보자'는 아이디어였다. 언더독스의 시작점이었다.

무료로
창업 교육해드립니다!

비행기를 조립하며 날아오르는 **실행력**

액트프러너십의 핵심은 결국 '실행'이다. 말뿐인 창업, 계획뿐인 꿈에는 힘이 없다. 실행이 뒷받침돼야 창업가의 비전도 실체를 입는다. 실행은 단지 '창업가에게 있으면 좋은 자질'이 아니라 생존 전략이다. 완벽하게 준비를 마친 후에 시작하는 사람보다 준비가 덜 된 상태라도 실행해보는 사람이 성공할 가능성도 크다. 일단 고객을 마주해야 고객을 알 수 있고, 실패하는 한이 있어도 부딪쳐봐야 시장을 이해할 수 있다.

'무료로 창업 교육을 해보자'는 아이디어가 나왔을 때, 언더독스는 창업 교육 준비가 완벽하게 되어 있는 곳이 아니었다. 만약 그때 '더 준비해서 시작하자'고 생각했다면 지금의 언더독스는 없었을 것이다.

이 아이디어를 실행하는 첫 단계는 창업에 관심 있는 사람들을 모으는 일이었다. 일단 창업에 관심 있는 사람을 모아야 사회 문제를 해결하는 창업가도 늘릴 수 있을 테니까. 무엇보다 창업에 관심이 있는, 향후 창업가가 될 의지와 기량을 갖춘 사람이 모일 때의 시너지가 기대됐다.

무모해 보여도 실행해야 할 때가 있다

큰 수익이 없는 상황에서 '무료로' 창업 교육을 한다는 것이 무모해 보일 수도 있지만, 길게 보면 언더독스의 비전과 직결되어 있었다. 창업 교육을 통해 모인 창업가들이 서로 연결되면 훗

날 사회 문제를 해결하는 창업가들의 네트워크를 만들고 확장하는 시발점이 될 수도 있다. 또한, 창업 교육이 컴퍼니빌딩, 벤처 투자로 자연스럽게 연계되는 것도 가능하다. 언더독스의 비전에 딱 들어맞는 길이었다.

"언더독스 창업사관학교를 통해 인재를 모으고, 이력서만 보고 동료를 뽑는 게 아니라 초기 창업팀에 맞는 창업가형 인재를 발굴한다!"

명확해지는 창업 교육의 목표만큼 교육 방식도 구체화되기 시작했다. 초기 창업팀에 맞는 인재, 뛰어난 동료, 탁월한 창업가를 찾아내려면 변별력 있는 교육이어야 했다. 즉, 교육을 일종의 '진입장벽' 역할로 활용하자는 데 의견이 모인 것이다. 창업 교육을 무상으로 제공하는 대신 교육 프로그램은 어지간한 의지로는 버텨내기 힘들 만큼 '빡세게' 진행하기로 했다.

많은 논의와 회의를 거치면서 점점 구체적인 교육 프로그램이 구성됐다. 기본적인 틀은 '숙식까지 함께하는 6주 총 300시간의 창업 교육'이었다. 공동창업자였던 김정헌 대표, 문성화 부사장, 우영승 파트너가 자신들의 창업 경험을 살려 교육생들에게 도제식으로, 실전에 버금가는 창업 코칭을 하기로 했다.

'공짜로 고강도 창업 교육을 해드립니다'라는 페이스북 광고에 15~16명의 참가자가 지원했다. 부산에서 온 참가자는 당시 언더독스 사무실 근처 고시원에 방을 찾는 열정을 보이기도 했다.

서류 전형과 면접을 거쳐 선별된 지원자들은 언더독스 창업사관학교 1기생이 됐다. 서류와 면접 모두 사회 문제를 해결하고자 하는 '실행가'의 자질이 있는지를 파악하는 데 초점을 맞췄다. 주요 질문은 다음과 같았다.

- 실제로 사회 문제를 해결하기 위한 행동을 한 경험이 있는가?
- 사회 문제의 원인을 제대로 파악하고 있는가?
- 배우는 걸 넘어 실행하고자 하는 의지가 있는가?

비행기를 조립하면서 날아오른다

세부적인 교육 내용을 채우기 위한 회의가 이어졌다. 언더독스 팀이 주력한 것은 창업을 단계별로 세분화하고 구체화하는 것이었다. 당시는 창업을 단계별로 쪼갠다는 개념이 흔하지 않았지만, 막 창업에 뛰어드는 사람들에게 효과적으로 창업 과정을 전달하려면 그런 과정이 필요하다 여겼다. 팀원들의 창업 경험을 바탕으로 '창업의 6단계'를 도출할 수 있었다.

대략적인 교육 단계가 나왔으니, 교육에 참가한 팀들의 현재 위치와 창업 전에 반드시 확인해야 할 것들을 명확하게 평가할 질문이 필요했다.

사전설명회에 이어 데모데이까지 끝마친 후 졸업생을 배출하고 나니 언더독스 팀에도 활기가 돌았다. 언더독스 사관학교 2기

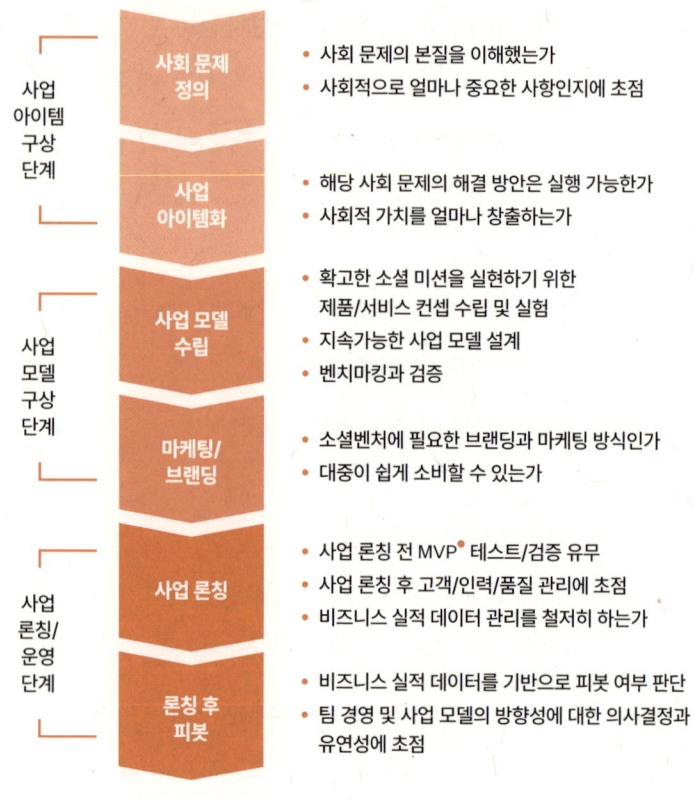

창업의 6단계

가 곧이어 열렸다. 8기까지 이어지는 동안 창업 교육은 해를 거듭할수록 개선됐다. 팀원이나 교육 참가생의 피드백을 통해 커리큘럼을 수정했고, 창업 경험이 있는 코치들을 중심으로 체계를 갖춰갔다. 6단계였던 창업방법론 또한 7단계, 4단계 등으로 변화

창업 단계	질문
사회 문제 탐색	• 서로 신뢰하는가? • 리더십, 팔로워십이 명확한가? • 비전에 공감하는가?
아이템 선정	• 진짜 실행할 아이템인가? • 사회 문제의 핵심을 해결하는 아이템인가? • 시장 및 경쟁사 조사가 충분한가?
고객 개발	• 비즈니스 모델이 매력적인가? • 조사 결과 데이터를 분석하고 이후 제품 개발에 반영했는가?
제품 개발	• MVP 제작 역량이 있는가? • MVP를 만들고(Build) 측정하고(Measure) 배우면서(Learn) 충분히 테스트했는가?
마케팅/영업	• 핵심 파트너 및 고객을 컨택했는가? • 사업 정체성에 맞는 브랜딩을 구축했는가? • 마케팅 활동의 분석을 통해 성과가 개선되고 있는가?
사업 운영	• 법무, 노무, 행정 등 사업 운영에 필요한 스킬을 습득했는가? • 투자 및 사업 기획 준비 자격을 갖췄는가?
론칭	• 비즈니스 지원을 받을 준비가 충분한가? • 사업 방향성에 맞는 성장 전략을 구축했는가?

언더독스의 창업팀 평가 질문

- Minimum Viable Product(최소기능제품), 최소한의 기능만 갖춘 실험용 제품. 처음부터 완벽한 제품을 만들려 하지 않고, 핵심 기능만 빠르게 만들어 시장에서 반응을 테스트하는 것

를 겪으며 언더독스 창업 교육의 초기 모델이 자리 잡았다.

사실, 언더독스가 처음 창업 교육을 시작했을 때만 해도 완전히 정립된 커리큘럼은 없었다. 매주 교육을 진행하면서 교육이 끝날 때마다 내용을 고도화·구조화했다. 매일 오전 9시부터 저녁 6시까지 교육이 끝나면 팀 회의가 시작됐다. '내일 교육을 위해 무엇을 더 준비할지' 의논해 다음 날 교육을 부랴부랴 챙겼다. 완성된 비행기를 타고 비행하는 것이 아니라, 비행기를 조립하면서 날아오르는 6주의 시간이었다.

만약 자료를 완벽히 준비한 후 창업 교육을 시작했다면 당연히 보다 완성된 모습으로 수강생들을 만날 수 있었을 것이다. 그게 최선이라 말하는 사람도 있다. 그러나 많은 일이 준비 과정에서 흐지부지된다. 언더독스 또한 당장 고강도 실전형 창업 교육의 수요가 얼마나 있는지, 그게 실제로 뛰어난 동료 창업가를 모으는 데 얼마나 효과적인지 확신할 수 없었다. 그런 상태에서 처음부터 완벽한 교육 자료를 만드는 것을 고집했다면 콘텐츠를 만드는 데 매몰돼 시작조차 하지 못했을지도 모른다. 준비의 중요성을 무시하려는 게 아니라, 실행해보지 않고 준비만 하다가는 되려 낭패를 본다는 뜻이다.

언더독스는 실행과 보완이 곧 준비라는 생각으로 빠르게 움직였다. 창업 교육을 통해 동료 창업가를 모으고, 교육을 무상으로 진행하되 고강도로 코칭해 진짜배기를 발굴한다는 목표를 정하자마자 교육생 모집에 들어갔고, 최소한의 교육자료와 커리큘럼을 바탕으로 매일 교육을 진행했다. 그리고 현장에서 얻은 배움으로 바로바로 콘텐츠를 고도화했다. 그 결과, '창업 교육은 효과적'이라는, 손에 잡히는 결과를 얻었다.

'일단 실행한다'는 언더독스의 액트프러너 교육은 지금도 유효하다. 적어도 창업 교육에서는 철저한 자료 준비보다는 창업의 기본 방법론을 전제로 창업 경험이 있는 코치가 일대일로 코칭하는 게 더 적합하다는 것을 확인했다. 교재로 지식을 전달하는 데 급급했다면 창업의 현장성과 속도감을 따라가지 못했을 가능성이 크다. 언더독스는 경험, 즉 실행을 통해 "강의는 10분 내외로 진행한다", "교육에 맞는 워크숍을 기획해 진행한다"는 실행 중심 교육을 지금까지 이어오고 있다.

뿐만 아니라, 실행 중심의 액트프러너십은 언더독스에게 또 다른 기회들을 가져다주었다. 교육 콘텐츠가 점점 풍성해지면서 AK그룹, 코웨이 등 이름 있는 브랜드에서 교육 의뢰가 들어온 것이다. 실전 형식의 창업 교육은 개인뿐 아니라 회사 신사업이나 리더십을 고민하는 기업에게도 매력적이리는 증거였다. 이처럼 언더독스는 기업 맞춤 교육이라는 새로운 수익 구조를 통해 다양한 규모의 창업 교육을 진행할 수 있는 교육 회사로 성장했다. 모든 것은 '실행'이 있었기에 가능했다.

창업을 강의실에서 가르칠 수 있어요?

기존 교육의 문제를 해결한 **문제 해결 능력**

아마존의 창업자 제프 베조스는 말했다.

"첫째, 사람들은 본능적으로 리스크를 과대평가하고 기회를 과소평가하는 경향을 보인다. 둘째, 작게 생각하면 그 생각에 갇힌다."

실행하는 창업가는 리스크를 무릅쓰고 실행해야 하며, 그 실행의 방향성과 크기가 어떤 미래를 향하는지 크게 생각해야 한다. 액트프러너는 그저 추진력 좋은 사람이 아니라 '빅 아이디어'를 제시하고 실현하는, 강력한 실행력을 발휘하는 리더이다. 빅 아이디어는 항상 '문제'에 초점을 맞춰야 한다. 실행을 통해 이러한 문제를 해결하는 것이 곧 사업인 셈이다.

언더독스의 창업 교육에는 뾰족한 관점이 있었다. 그 핵심은 3가지로 요약할 수 있다. 첫째, 팀 빌딩이 중요하다. 둘째, 문제에 대한 관점을 가져야 한다. 셋째, 그 외의 나머지는 모두 실행의 영역이다. 이러한 중심축을 바탕으로 창업 경험이 있는 코치가 실전처럼 창업에 대해 전수하는 것을 기본으로 한다. 창업 과정에서 시행착오를 겪어본 사람만이 초기 창업가의 시행착오를 줄여줄 수 있다는 발상에서 나온 방법이다. 이는 창업 교육 자체에 대한 문제의식과도 맞닿아 있었다.

모든 사업은 문제를 해결하는 것이다

언더독스 사관학교가 시작된 2015년 당시에는 창업 교육도 강의실에 앉아 강사의 수업을 듣는, 전형적인 강의 방식이었다. 이런 교육에 본질적인 의문이 들었다. 창업의 핵심은 결국 실행인데 창업을 강의실에서 진행하는 강의로 가르치고 배울 수 있느냐는 것이었다. 실행이 중요하다면 결국 '행함으로 배워야(Learning by doing)' 가장 효과적이지 않을까?

생각해보면 상식적인 이야기이다. 스포츠를 책으로만 배워서 좋은 선수가 될 수 없는 것처럼, 창업도 실행하고 경험해야 효과적으로 배울 수 있다. 그런데도 기존 창업 교육은 책상 앞에 앉아서 강사가 전해주는 지식을 받아 적고 외우는 데 그쳤다. 직접 보고, 시도하고, 경험하는 창업 교육이 부재했다.

이는 해결해야 할 '문제'라 할 수 있다. 언더독스에게는 창업 교육 자체도 문제 해결의 대상이 된 셈이다. 언더독스 사관학교의 실전형 창업 교육이 큰 호응을 얻었던 이유도 고객과 소비자가 실전에 버금가는 경험을 원했기 때문이다. 만약 언더독스 팀이 기존 창업 교육의 문제를 해결하지 못하고 같은 길을 갔다면 어땠을까? 아마도 언더독스의 실행력은 시간과 함께 낭비되었을 것이고, 수강생들로부터 별다른 호응을 얻지 못한 채 꿈과 비전은 흐지부지 사라졌을지도 모른다.

다행히 언더독스 초기 팀의 문제의식은 실행을 통해 명확히 적중했다. 언더독스가 이런 문제의식을 가지게 된 것은 엄청난 통찰력 덕분이 아니라 언더독스 스스로 생생하게 살아 움직이는 창업 교육에 대한 목마름이 있었기 때문이다. 언더독스 합류 전에 물 절약 솔루션을 만드는 소셜 벤처 워터팜의 공동창업자였던 조상래 ESG 수행솔루션 부문대표는 언더독스에 합류한 이유를 설명하면서 "지금 아는 걸 그때도 알았더라면"이라고 말했다. 그는 IoT(Internet of Things, 사물인터넷) 샤워기를 제작하는 등 2~3년간 다양한 시도를 해봤지만, 온갖 시행착오를 겪었다. 후배 창업가들에게 창업의 실상을 최대한 실감 나게 전하고 싶다는 마음에 그는 언더독스에 합류했다.

창업 과정에서의 어려움을 직접 겪은 선배로서 창업 교육 자체를 바꿔보자는 생각은 '하던 대로'에서 탈피해 다른 사람들이 보기에는 '그렇게까지?'라고 놀랄 정도로 새로운 아이디어를 실험하는 실행력으로 이어졌다. 단지 창업 자문을 해주는 게 아니라 교육생의 사업 계획에 동업자 수준으로 파고들어 다각도로 질문을 던지고, 창업 코치를 육성하기 위해 액션 코치 육성 프로그램을 진행하는 등 고착화한 창업 교육을 탈바꿈하는 시도를 했다.

문제를 발견해야 해결책이 보인다

많은 사람이 해결되기를 간절히 원하는 문제일수록 이를 해결했을 때 큰 성공이 찾아온다. 이때, 문제를 어떻게 해결할 것인지보다 어떻게 찾아낼 것인지가 먼저다. 언더독스는 지난 10년 동안 새로운 문제를 발견하고 해결하는 데 주력해왔다. 그 과정에서 여러 문제 해결 기술을 활용하고 있지만, 그런 기술 자체가 중요한 것은 아니다. 어떤 방법을 사용하느냐보다는 문제를 찾아내고 해결하는 틀이 필요하다는 것, 나아가 이를 활용할 줄 알아야 한다는 점이 중요하다. 그러니 지금부터 이야기할 언더독스의 문제 해결 과정을 볼 때 집중해야 할 것은 '어떤 틀을 사용했느냐'만이 아니라 '문제를 찾아 자신만의 관점을 만드는 과정' 자체다.

창업 코치를 육성하는 과정에서도 현장에서 반복 적용할 수 있는 틀이 필요했다. 마땅한 창업 교재가 없었기에 언더독스는 초창기부터 자체적으로 창업 교육 커리큘럼을 구성하고 다양한 프레임워크를 개발해 구조화, 문서화하는 작업을 병행했다. 그래야만 창업 전반에 일반적으로 적용할 수 있는 방법론과 코치의 노하우를 결합한 교육이 가능했다. 이러한 접근법 덕에 창업 교육이 코치 개개인에 의존하지 않고 콘텐츠를 기반으로 하여 퀄리티가 보장됐다.

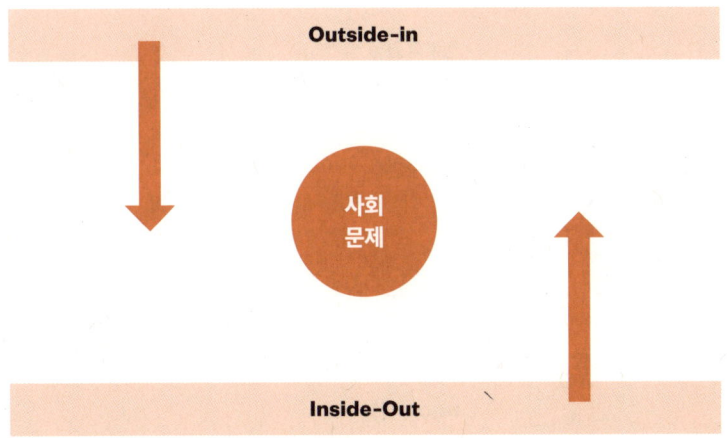

I.O.I 문제 탐색 방법론

이 틀은 언더독스가 신사업을 위해 문제를 발견하고 실행의 우선순위를 잡는 데에도 쓰인다. 가장 먼저 하는 작업은 '문제의식의 기원을 찾는 일'이다. 이때 해결하고자 하는 문제의 기원이 나로부터 비롯됐는지(Inside-Out) 아니면 외부에서 발견한 것인지(Outside-In) 정의하는 'I.O.I 문제 탐색 방법론'을 활용한다. 내가 문제의 당사자라면 그 문제에 대한 나의 관점을 어떻게 보편화할 수 있을지, 외부에서 발견한 문제라면 어떻게 그에 대한 나의 관점을 구체화할지 고민해본다.

창업가 또는 신사업 담당자가 풀고자 하는 문제의 첫 단추를 뀄다면, 이제 그 문제를 깊이 파고들어야 한다. 이때는 내가 주목

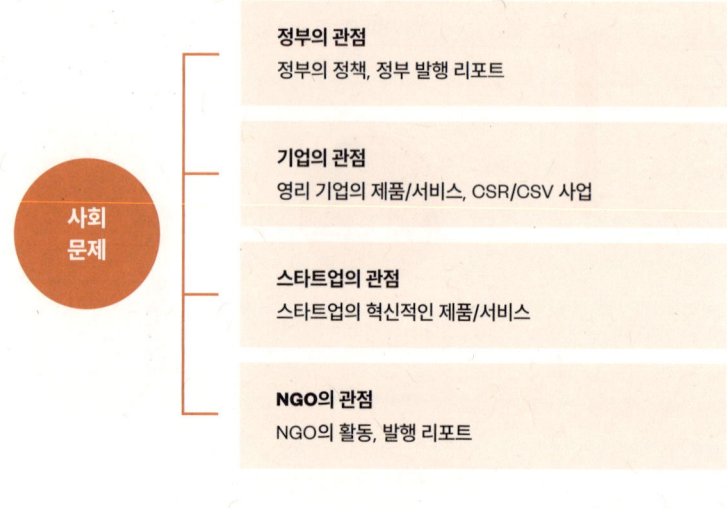

이해관계 리서치

한 문제와 관련된 기업, 고객, 정부 등 여러 이해관계자를 리서치한다. 기자가 취재하는 것과 같다. 때로는 심도 있게 자료를 조사하고 때로는 직접 발로 뛰어 인터뷰를 하면서, 문제에 관련된 또는 이를 해결하는 과정에서 마주치게 될 이해관계자를 파악하는 작업이다. 이러한 실행 과정이 문제에 대한 액트프러너의 관점을 깊게 만들 수 있다.

이러한 접근법을 통해 문제에 관한 관점과 이해도를 높였다면 다음은 문제와 해결책의 우선순위를 세울 차례다. 이때 'ST(Seriousness-Timing) 매트릭스'와 'IF(Impact-Feasibility) 매트릭

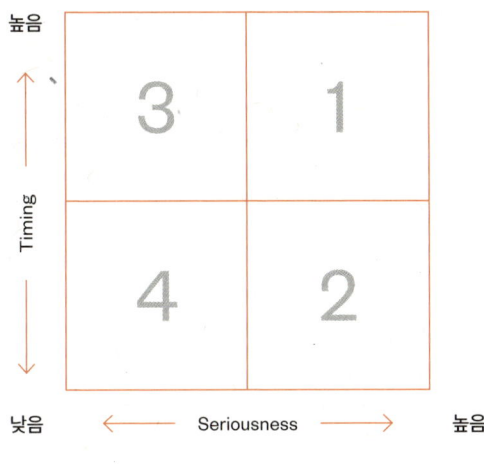

ST 매트릭스(심각성↔시의성)

스'를 활용하면 효과적이다. ST는 여러 문제점 중 더 심각하고 시급하게 해결해야 하는 문제가 무엇인지 4분면에 펼쳐서 보는 방법론이다. 해결해야 할 문제가 다양할수록 경중을 따지고 가장 먼저 해결해야 할 문제에 집중하기 위한 틀이다.

문제의 중요도를 선별해 먼저 해결해야 할 문제를 정했다면 해결책도 찾아야 한다. 이때 다양한 해결책이 나올 수 있는데, 그중 가장 임팩트가 크면서도 실행가능성이 높은 것을 택해야 한다. 이때는 IF 매트릭스를 활용한다. 언더독스는 신사업을 론칭

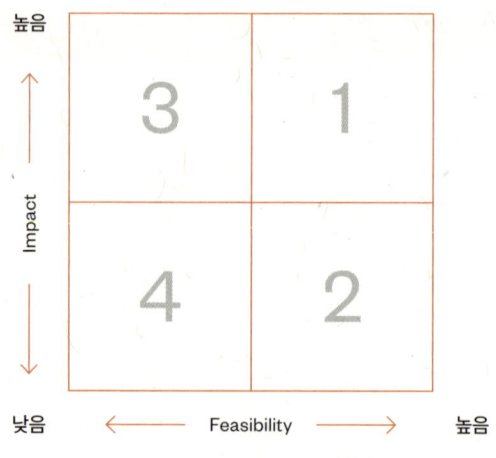

IF 매트릭스(영향력↔실행가능성)

할 때 풀고자 하는 문제에 따라 여러 해결책을 떠올린 후 우선순위를 매겨 실행의 순서를 정한다. 첫 번째 솔루션을 실행해 결과를 얻지 못하면 다음 솔루션을 빠르게 실행하는 방식이다.

이처럼 실전에서 사용 가능한 실행 중심 창업 교육 방법론 덕에 서로 다른 현장의 코치도 같은 품질의 교육을 제공할 수 있게 됐다. 직접 고객을 만나 본인의 가설이 맞는지 검증하는 실행 중심 방법론을 코치들이 공통되게 숙지해 교육생에게 장려하기 때문이다. 이를 통해 언더독스는 창업 교육의 수동성 문제를 해결함은 물론, 일대일 코칭을 통해서도 창업 교육을 일정하게 공급하는 확장성까지 확보하기 시작했다. 하던 대로만 했다면 상상하기 어려운 성과였다.

전체 커리큘럼의 70~80%를 실전형 코칭으로 구성하여 언제, 어디서든 적용할 수 있는 창업 교육 프레임워크를 만든 덕에 언더독스의 실행은 초기부터 성과를 보였다. 창업사관학교를 통해 10명의 초기 멤버를 찾아내 강도 높은 교육으로 초기 기업에 필요한 창업가형 인재를 모을 수 있음을 증명했다. 이후 2023년 기준으로 언더독스의 교육을 받은 창업가는 한 해 2천400명 이상으로, 그중 97.3%가량이 교육이 끝난 후에도 사업을 무사히 이어갔을 뿐만 아니라 매출은 전년 대비 평균 200% 이상 성장했다. 일반적으로 창업 후 5년 이내 폐업률이 70%에 가까운 것에 비하면 매우 높은 수치이다. 또한, 사회적 기업으로서는 드물게 교육 수료생 중 투자 유치에 성공한 창업팀의 평균 투자 유치 금액은 2억 원 이상, 전체 창업팀의 고용창출률은 52.5%에 달했다. 전에 없던 실행을 통해 정량적으로도 의미 있는 창업 교육이 이뤄진 셈이다.

이런 성과는 문제를 발견하고 해결하는 능력 덕이라 해도 과언이 아니다. 우선, 강의실에서 주입식으로 이루어지는 기존 창업 교육의 문제를 찾아내고 해결했다. 나아가 도제식 코칭 방식의 '확장성' 문제는 코치 개개인에 의존하지 않고 '왜, 어떻게 실행할 것인가'라는 큰 줄기와 방법론에 따라 공통된 틀을 통해 언제, 어디서든 같은 수준의 교육을 유지함으로써 해결해냈다. 기존의 문제를 해결하기 위해 창업 교육 자체를 근본적으로 다르게 해야 한다는 빅 아이디어가 실행력을 만나 큰 성과로 이어진 셈이다.

창업 교육이 돈이 되겠어?

외부 투자 없이 성공을 불러온 **리더십**

기업이 성장하고 성과를 내다 보면 기업가는 선택의 기로에 놓인다. 원하는 것을 모두 시도해볼 수 있다면 좋겠지만, 그럴 수는 없다. 기업가는 한정된 자원을 효과적으로 분배해 최적의 결과를 만들어야 하기 때문이다. 실행의 기준, 우선순위를 세워야 한다. 이때 중심을 잡아주는 것이 액트프러너의 리더십이다. 리더십은 여러 유혹과 변수, 의사결정의 너울 위에서 창업팀이 해결하고자 하는 현실이 무엇인지, 그 본질로 이끈다. 위기 속에서 흔들릴 때도 가장 가치 있고 본질에 가까운 실행을 하도록 리드한다.

초기 투자 유치, 양날의 검

창업 초창기, 언더독스가 성과를 보이자 많은 관심을 받게 됐고, 투자하고 싶다는 사람들이 나타났다. 2015년 당시는 벤처투자 결성액이 2010년 이후 처음으로 2조 원을 넘기며 사상 최고치를 기록할 때였던 만큼 스타트업 창업과 벤처투자가 부흥했다. 문제의식과 실행력이 뚜렷한 초기 팀에는 자연스레 투자 문의와 제안이 들어오는 시기였다.

이때 투자를 받아야 하는가를 두고 고민이 컸다. 창업 초기에 투자를 받는다면 규모나 매출 면에서는 폭발적인 성장을 이룰 수 있을 테니 구미가 당겼다. 그러나 한편으로는 투자를 받게 되면 투자자의 요구에 맞춰 사업의 방향성도 변하기 마련이라 꿈꿨던 것과는 방향성이 달라질지도 모른다는 우려가 있었다.

더욱이 이커머스, 플랫폼 비즈니스, 콘텐츠 사업 등 트래픽 중심으로 유저를 모으는 스타트업이 각광받던 시기였다. 오프라인 창업 코칭의 B2B●, B2G●● 매출 비중이 큰 언더독스는 그런 트렌드를 따르지 않는 기업이었다. 실제로 "사업 확장이 가능하겠냐"는 질문도 많이 받았다.

소셜벤처에 투자하는 임팩트 투자사도 비슷한 반응을 보였다. 창업 교육 시장을 혁신한다는 취지에 공감하면서도 "수익을 내기 어려울 것 같다", "오프라인 기반이라 임팩트가 작고 확장성이 없어 보인다"는 말을 들었다. 결론은, 온라인으로 전환하여 유저를 늘리고 플랫폼 비즈니스로 사업을 확장하고 수익을 극대화하라는 권고였다. 말이 좋아 권고지, 투자를 받으려면 반드시 따라야 하는 조건과도 같았다.

본질에 기반한 리더십

여러 투자자와 투자사를 만나면서 언더독스 팀의 입장은 확고해졌다. 사회 문제를 해결하는 창업가를 모으고 육성하는 기업이 된다는 비전을 이루려면 '마이웨이'가 필요했다. 투자자들이 원하는 온라인 전환이나 플랫폼 비즈니스를 시도하라는 주문은

● Business-to-Business, 기업 대 기업 거래
●● Business-to-Government, 기업 대 정부 거래

언더독스의 본질과는 거리가 멀었다. 6주간 숙식을 함께하며 도제식 코칭으로 창업 교육을 시작한 언더독스다. 창업 성공은 책에 담긴 지식이 아니라 실행에서 나온다고 믿는 언더독스가 사업을 확장하겠다고 실행이 아닌 지식 전수에 매몰된다면, 더는 언더독스가 아니게 된다. 다 바꾸더라도 절대로 바꿀 수 없는 것, 바로 본질이 흔들리게 된다는 뜻이다.

언더독스는 대규모 투자를 좇는 창업 시장 분위기에 휩쓸리지 않고 차근차근 제 길을 가기로 했다. 언더독스 초기 멤버 문성화 부사장의 말대로 "한눈팔지 않았다".

사업을 지속하다 보면 다른 데로 눈길을 돌리는 창업가가 많다. 사업 성장이 멈춰서, 지금 상태로는 회사 운영이 어려워서, 큰 기회가 생겨서 등 이유도 다양하다. 그러나 언더독스는 "창업가를 위해 오프라인 기반의 일대일 실전형 창업 교육을 한다"는 일념을 고수했다. 창업가에게 실질적으로 필요한 시도를 창업 교육 시장에서 최초로 시도할 수 있었던 것도 이러한 기준이 있었던 덕이다.

그렇다고 투자를 유치하는 게 무조건 나쁘다는 의미는 아니다. 자신의 신념과 최종 목표를 고수할 수 있다면 외부 투자도 분명 큰 기회가 된다. 창업 초기에는 그러기가 쉽지 않기 때문에 많은 주의가 필요한 것이다.

창업 후 10년이 흐른 지금, 언더독스는 코스닥 상장을 준비하고 있다. 창업 초기에 투자하겠다던 투자자들은 사업 아이템이나 방향을 바꿔야 한다는 조건을 걸었다. 그러나 이제 언더독스에게는 10년간 쌓은 결과물이 있다. 이를 토대로 투자 유치에 나선다. 투자자들도 근거 있는 자신감과 방향성에 관심을 보인다. 우리의 관점이 보다 선명해졌으니 흔들리지 않고 투자를 받을 수 있는 시점이 됐다고 믿는다. 지난 시간을 통해 '오래 걸리더라도 우리가 가는 방향이 맞다'는 믿음을 증명해냈으니까.

책임을 지기에 리더다

언더독스가 투자보다 우선한 것, 더욱 집중한 것은 달리 말하면 '가치 창출' 자체였다고 할 수 있다. 'KT&G 상상스타트업캠프'도 그 연장선상에 있는 프로그램이었다. 2017년, 최초의 14주 풀타임 몰입형 창업 교육으로 기획된 이 프로그램은 '창조경제'라는 당시 키워드와 맞물려 창업 활성화와 일자리 창출을 기치로 출범했다. 당시 어디서도 본 적 없던 풀타임, 실전형 창업 교육을 제공해 언더독스는 억 단위 프로젝트를 수주하는 팀으로 성장했다. 이는 큰 규모의 몰입형 창업 교육을 연이어 수주하는 기회로 이어졌다.

GS리테일과 진행한 'GS SHOP 소셜임팩트 프로젝트'는 창업 교육을 '환경'과 연결지은 사례다. ESG* 경영이 트렌드로 부상

한다는 점에 착안해 대기업의 수요를 충족시키면서도 환경 문제를 해결하는 창업가들에게 무료로 양질의 창업 교육을 제공하는 색다른 컨셉이었다. 이후 사회 문제를 해결하는 창업 교육은 로컬 창업, 소상공인을 포함한 중소형 기업(SME)●● 등 대상을 넓혀갔다. 전국 단위로 창업 교육을 단행한 최초의 사례도 만들어 냈다.

여러 대기업, 정부 기관과 협업하게 된 언더독스 팀은 이윽고 새로운 고민에 봉착했다. B2B, B2G 비즈니스를 더 확장할 것인가? 아니면 언더독스 오리지널 교육을 강화해 언더독스를 더 많이 드러낼 것인가? 우선순위를 세울 타이밍이었다. 정답은 없다. 어떤 실행을 할지 결정의 문제일 뿐이었다.

당시의 선택에 있어 언더독스 팀은 '무엇이 더 임팩트를 키우는 선택인가'에 주목했다. "사회를 바꾸는 창업가를 육성하는 사회적 대기업이 된다"는 비전으로 출발한 언더독스의 본질은 '사회 문제를 해결하는 창업가를 늘리고 연결하는 것'이다. 그렇다면 든든한 기업이나 기관 파트너를 통해 보다 많은 창업가에게

- ● Environmental, Social and Governance, 기업의 지속가능 성장을 위해 고려해야 하는 요소들
- ●● Small and Medium Enterprise, 중소기업을 뜻하는 약이로, 이 색에서는 소상공인을 포함한 중소형 기업의 의미로 사용

양질의 교육을 무상으로 제공하는 것은 언더독스의 본질을 지키면서도 임팩트를 키우는 길이라는 결론에 다다랐다.

본질에 기반한 리더십은 언더독스 팀원들의 의사결정 과정에서도 판단 기준이 됐다. 박대은 파트너는 언더독스가 창업가를 위해 정해진 과업보다 더 애쓰게 되는 바탕에는 '기버(Giver) 문화*'가 있다고 말한다. 교육이라는 업의 본질 자체가 '돕는 일'이고, 특히 언더독스의 교육에서는 코치와 교육생의 연결과 협업이 핵심이기 때문이다. 초기 팀빌딩 때부터 '기버' 성향을 가진 인재에 주목하면 리더뿐 아니라 팀원도 주어진 업무보다 한 걸음 더 고민하고 어떻게 임팩트를 키울지 생각하게 된다는 말이다. 언더독스의 본질에 충실한 리더십, 스스로 기버가 되는 리더십이 개별 의사결정의 근거가 되는 셈이다.

기업이 초기에 투자 없이 성장하기란 결코 쉽지 않다. 한정된 자원 때문이다. 그러나 한편으로는 시작을 앞두고 부정적인 시선, '안 될 것'이라는 비판이 창업에 더욱 큰 걸림돌이 되기도 한다. 언더독스 또한 처음 사업 아이디어를 떠올렸을 때 "창업 교육이 돈이 되겠어?"라는 우려 섞인 질문을 받기도 했다. 그러나 언

• 자신의 이익보다 다른 사람을 먼저 생각하고 베푸는 문화

더독스는 본질에 집중한 문제의식과 실행력만 있다면 흔들림 없이 밀고 나갈 수 있고, 외부의 투자 없이도 성공할 수 있음을 증명했다.

혼자서 성공할 수 있는 사람은 없다

고객과 팀원의 피드백을
성장의 원동력으로 바꾼 **협업 스킬**

실행의 과정에서 액트프러너는 혼자가 아닌 팀으로 움직이게 된다. 불가능해 보였던 도전도 고객과의 커뮤니케이션, 팀원들과의 소통, 다양한 이해관계자와의 협업과 조력이 있다면 가능해진다. 협업에도 스킬이 필요하다. 이러한 협업 스킬을 함양하기 위해 액트프러너에게 필요한 것은 오픈마인드와 자기 확신이다. 리더로서 실행의 방향과 기준에 대해 동의를 구하고 피드백을 수렴해야 추진력이 생긴다. 소통으로 방향을 정하고 공감대를 형성했다면 '왜'가 아닌 '어떻게'에 초점을 맞춰 전진해야 한다. 열린 마음으로 경청하되, 일단 결정을 내렸다면 확신을 가지고 이해관계자를 설득할 줄도 알아야 한다.

연결을 통해 시너지를 낸다

언더독스는 사관학교 1기부터 '코치 랩업(Coach Wrap-up)'을 진행했다. 코치 랩업은 창업 교육 현장에서 각 교육생을 코칭한 코치들이 모여 인사이트를 공유하는 자리다. 창업 코치가 3명뿐이었던 시점부터 이들을 연결하고 협업을 촉진한 것이다. 이유는 명확하다. 프레임워크, 개별 코칭에 머무르지 않고 여러 코치가 지식과 경험을 공유할 때 개선사항을 파악하고 협업의 시너지가 생기기 때문이다. 초창기부터 이런 자리를 기획해 지금까지 지속하고 있다.

오리지널 창업방법론을 고노화하는 과정에서도 팀원의 의견

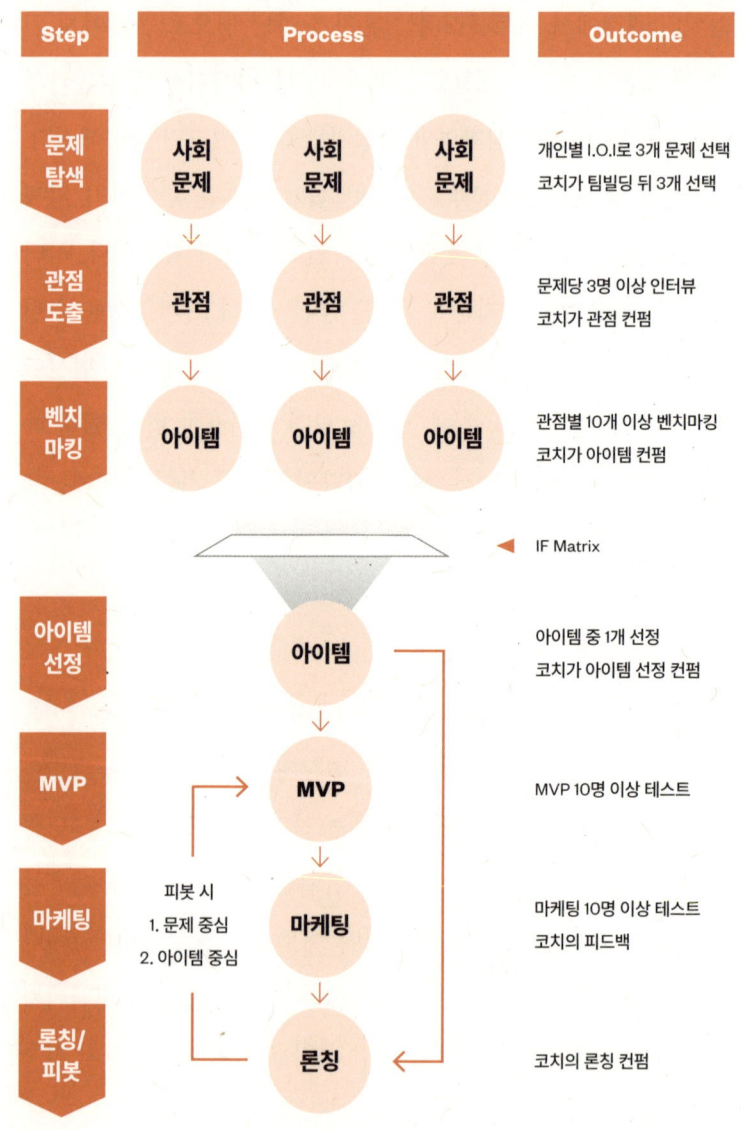

최종 수립된 언더독스 7단계 창업방법론

창업 단계	질문
문제 탐색	• 어떤 문제를 해결해야 하는가? • 어떤 문제를 다뤄야 하는가? • 어떤 게 문제다운 문제인가? • 시의성과 임팩트가 큰 문제에 도전하고 있는가? • 완전히 새로운 상상을 하고 있는가?
관점 도출	• 같은 문제에 대한 관점이 다르다면 어떤 차이가 있나? • 관점을 어떻게 형성할 수 있을까? • 차이와 다름을 어떻게 이해할 수 있나?
벤치마킹	• 이종산업 벤치마킹의 인사이트는? • 기존 플레이어의 특징과 시장 다이나믹을 이해하고 있는가? • 시장 트렌드는 어떠한가? • 기존 플레이어는 고객의 어떤 페인포인트(고통)를 해결하고 있는가? • 나의 틈새 전략은 무엇인가? • 차별화 포인트는 무엇인가?
아이템 선정	• 이전까지 이 산업에서 고객이 경험하지 못한 혹은 경쟁사가 실행하지 않은 새로운 해결책인가? • 내·외부 파트너 및 역량을 확보해 아이템을 실현할 가능성이 높은가?
MVP	• 우리의 가설이 유효했을까?
론칭 혹은 피봇	• 우리 팀의 성공적인 론칭 기준은 무엇인가? • 론칭 후 피봇 타이밍을 언제, 어떻게 잡아야 하는가? • 우리 팀의 비전, 미션, 역할(R&R)을 재점검했는가?
실전	• 성공적으로 지원 사업을 준비하려면 어떻게 해야 할까? • 성장 사다리를 어떻게 이어받아야 하나? • 운영에 필요한 체크리스트를 작성했나? • MOU(양해각서) 작성 실습을 진행했나?

언더독스 창업방법론 단계별 핵심 질문

을 경청하는 협업의 자세로 더 높은 성과를 올렸다. 초기 언더독스 창업사관학교 커리큘럼은 6주짜리였으나, 2017~2018년에는 조상래 부문대표 등 새로운 팀원이 합류하면서 인사이트를 더한 결과 7단계로 세분화했다. 이 과정에서 각 단계가 최대한 겹치지 않도록 조정하면서 마케팅에 관한 내용을 뒷부분에 추가해 재구성했다.

이처럼 7단계로 세분화한 결과, 더욱 구체적인 코칭과 평가, 피드백이 가능해졌다. 그러나 여기서 멈추지 않고 고객과 팀원들의 피드백을 받아 보완했다. 7단계 창업방법론은 분명 효과적이었지만, 빠르게 변화하는 세상에 발 빠르게 반응하려면 더 간결한 창업방법론이 필요하다는 의견이 팀 내부와 현장 코치들로부터 나왔기 때문이다.

2019~2020년, 창업방법론을 4단계로 대폭 간소화했다. 사회문제를 해결하는 데 관심과 열의가 있는 창업자라 해도 창업방법론의 용어 하나하나를 익히는 데 급급하다 보면 도리어 실행 속도가 느려질 수도 있다는 피드백을 반영한 결과다. 이론의 비중을 줄이는 대신 창업가가 직접 실행하며 방향을 찾을 수 있는 워크숍을 강화했다. 그리하여 창업방법론은 관점 도출, 아이템 구체화, 솔루션 고도화, 사업화, 총 4단계로 진화했다.

창업방법론을 4단계로 다듬으면서 2가지 이점이 생겼다. 우선, 시장 분석과 사업화에 본격적으로 돌입하기 전에 MVP를 만

언더독스 오리지널 창업방법론

들어 잠재 고객의 수요를 검증하는 단계가 선행됐다. 덕분에 창업 교육에 참가하는 창업가들은 무엇보다도 실행을 먼저 해보는 경험을 얻을 수 있었다. 문제와 그에 대한 관점을 명확하게 가다듬은 후 최소기능제품(MVP)을 만들어 현장에서 부딪치면서 고객과 시장을 누구보다도 빠르게 마주해보는 방향으로 교육이 명료해졌다.

또한, 이러한 과정을 통해 훨씬 다양한 창업가 유형에 교육을 적용할 수 있게 됐다. 언더독스 사관학교 초창기의 교육은 '아직 사업의 갈피를 잡지 못하는, 실행해보지 못한 초기 사회적 기업가'가 대상이었다. 하지만 창업 교육의 범위가 넓어지면서 기존 창업가들도 교육에 참여하기 시작했다. 이런 다양한 유형의 창업가가 더욱 똑똑하게 실행 속도를 높이게 하려면 분명 간소화한 방법론이 필요했다. 언더독스는 오픈마인드로 팀원과 현장 코치들의 의견을 수렴한 덕분에 시의적절하게 4단계로 전환할 수 있었다.

이처럼 창업방법론의 기본 뼈대를 고도화하면서 세부 내용을 끊임없이 보강했다. 사회 문제를 해결하고 싶지만 실행을 힘들어하는 창업가들을 위한다는 공통의 목표가 팀원들의 협업을 촉진했다. 액트프러너의 협업은 실행의 과정에서 다양한 이해관계자를 연결하고 팀워크의 시너지를 발휘하는 데 의의가 있다. 언더독스가 코치들 간의 협업 세션을 별도로 구성한 것이나 창업방

언더독스의 창업방법론 4단계

법론을 갈고 닦은 과정은 액트프러너의 실행이 어떤 과정을 통해 이루어지는지를 잘 보여준다.

위기의 순간일수록 협업은 빛을 발한다

2019년, 언더독스는 현재까지 사용 중인 사옥을 매입했다. 그리고 바로 그 시기에 코로나19가 온 세상을 뒤덮었다. 오프라인 중심으로 창업 코칭을 해왔던 언더독스로서는 타격이 컸다. 말

그대로 아찔한 순간의 연속이었다. 하루빨리 돌파구를 만들어야 했다.

사실 방법은 뻔했다. 창업 교육 전 과정을 비대면으로 개발해야 하고, 이를 플랫폼화해야 하며, 공공 입찰 등을 통해 새로운 수익 창구를 찾아야 했다. 당연히 쉽지 않을 터였다. 오프라인 기반에서 온라인으로 체질 자체를 완전히 뒤바꾸는 일이었으니까.

언더독스는 이런 상황을 모든 팀원에게 있는 그대로 공유했다. 리더에게는 회사의 현 상태와 앞으로 함께 겪게 될 어려움을 가감 없이 말할 책임이 있기 때문이다. 하지만 단순히 그런 책임감이나 도리 때문만은 아니었다. 오히려 소통과 협업이야말로 이 어려운 상황의 돌파구가 되어줄 것이라는 믿음도 있었다.

"분명 매우 힘든 과정이겠지만, 우리가 힘을 합친다면 반드시 이 위기를 같이 극복할 수 있습니다."

회사의 어려운 상황을 솔직하게 공유하고 함께 이를 돌파하자는 명확한 메시지가 팀을 한데 결속시켰다. 그 결과, 언더독스 팀은 팬데믹 시기를 무사히 넘겼을 뿐만 아니라, 오히려 이 시기를 100% 비대면 창업 교육 프로세스와 콘텐츠를 개발하는 계기로 삼았다. 덕분에 2021년 온라인 창업 교육 플랫폼 '언더독스 아카이브'를 론칭했다.

'사회적 기업을 만드는 사회적 대기업을 만든다'는 비전을 실행에 옮기는 과정에서도 협업과 소통이 핵심이었다.

언더독스는 초기부터 창업 교육과 더불어 신규 자회사를 설립하는 컴퍼니빌딩을 병행해 조우조우(그림책), 비움(청소 O2O) 등을 설립했다. 사회 문제를 해결하는 사회적 기업이 훨씬 다양해져야 한다는 믿음 때문이었다.

하지만 창업 교육 규모가 커지면서 회사의 정체성에 혼란을 느끼는 구성원들이 생겨났다.

"우리는 궁극적으로 교육 회사인가, 컴퍼니빌더인가?"

이러한 혼선과 오해를 불식시키려면 정체성을 명확히 구분해야 했다. 고민 끝에, 초기부터 구상했던 지주회사 구조를 확립할 타이밍이라는 결론을 내렸다. 언더독스는 창업 교육에 집중하고, 전체 컴퍼니빌딩을 관장하는 '뉴블랙'이라는 모법인을 세웠다. 이후 벤처 투자 및 엑셀러레이팅을 맡는 '뉴키즈인베스트먼트'를 뉴블랙의 자회사로 세우면서 구조가 완성됐다.

외부에서는 언더독스의 지주회사 구조에 의문을 품기도 했다. 아직 기업의 규모가 크지 않은데 지주회사를 만들 필요까지는 없다는 의견도 많았다. 그러나 언더독스 팀 내부에서는 공감대가 형성됐다. 실제로 회사의 정체성에 혼란을 느끼던 팀원들도 회사가 지주회사 구조를 만드는 이유와 배경을 듣고 더욱 깊이 그 비전에 공감하게 됐다.

결국, 지주회사 구조는 '사회적 기업을 만드는 사회적 대기업'이라는 비전을 본격화한 과정이었다. 이는 구성원들과의 진솔한

컴퍼니빌딩을 통한 창업 생태계 조성 프로세스

소통이 불러온 결과이기도 했다. 내부 피드백을 놓치지 않고 회사의 전반적인 구조를 바꾸는 계기로 삼았고, 공감대가 생기자 확신을 가지고 결정을 밀고 나아갔으니까. 협업에 열려 있어야 유연한 대처가 가능해진다.

'아젠다를 던지고 방향을 잡는 것'도 중요한 협업 스킬이자 액트프러너의 역할이다. 방향에 대해 구성원, 이해관계자의 동의와 공감을 끌어낸 후 '증명(실행)'에만 집중하면 된다. 외부에서 "왜?"라거나 "굳이?"라고 딴지를 걸더라도 액트프러너 본인만 확신이 있다면, 이러한 확신을 구성원들에게 분명하고 솔직하게 전하고 열린 마음으로 피드백을 경청해야 한다. 바로 그게 액트프러너의 소통 방법이자 협업 스킬이다.

창업 교육에서
그런 것도 가르쳐요?

창업 교육에 ESG를 적용한 **시장 중심 관점**

경영학의 아버지 피터 드러커는 '고객이 가치 있게 여기는 것이 무엇인가?'라는 질문에 리더들이 함부로 답을 추측해서는 안 되며, 언제나 조직적으로 그 답을 탐색하면서 고객을 향해야 한다고 강조했다. 고객을 만족시키고 시장에서 승리하는 일은 너무도 복잡해서 "오직 고객들로부터만 답을 구할 수 있기 때문"이다. 또한, 고객과 시장은 쉼 없이 변화한다. 그래서 액트프러너는 고객과 시장을 살피며 실행의 역동성을 유지할 줄 알아야 한다.

창업 교육의 진화

언더독스의 창업 교육은 여러 차례 변화를 맞았지만, 특히 ESG 시장과 만나면서 새로운 국면에 접어들었다. ESG란 기업의 비재무적 요소인 환경(Environmental), 사회(Social), 지배구조(Governance)의 줄임말이다. 기업의 가치를 평가하는 이 지표들을 고려해 친환경, 사회적 책임경영, 투명경영 등을 추구하는 것을 'ESG 경영'이라 한다. 기업으로서는 단기적인 사회 공헌이 아니라 장기적인 ESG 활동을 기획하고 이어가야 한다는 중대한 과제가 생긴 셈이다.

언더독스는 기업들이 겪고 있는 사회공헌, ESG 경영 이슈를 창업 교육에 접목했다. 사회 문제를 해결하는 창업가를 육성하는 창업 교육이 환경 문제, 지역사회 소멸 문제 등을 해결하는 데 기여할 수 있다고 본 것이다. ESG 경영을 고민하던 기업들은 이러한 제안에 매력을 느꼈다. 사회 공헌 활동을 인정받을 수 있을 뿐만 아니라 신사업, 벤처투자 활동 등과도 연계할 여지가 있기 때문이다.

예를 들어, 언더독스는 SK이노베이션 E&S와 함께 2019년부터 2021년에 걸쳐 '로컬라이즈 군산'이라는 로컬 창업 교육을 진행했다. 군산의 지역적 문제를 창업을 통해 해결하고자 하는 SK이노베이션 E&S의 니즈와 언더독스의 창업 교육 역량이 합쳐져 국내 최초로 ESG를 지향하는 정주형(定住形) 로컬 창업 교육 모델이 탄생한 것이다.

군산에 코워킹 커뮤니티 공간을 만들고, 타지 창업가들까지 함께 지낼 수 있는 거주 프로그램도 제공하면서 창업을 통해 지역 문제를 해결하는 교육이 이뤄졌다. 군산은 SK이노베이션 E&S의 자회사가 있는 익산에 이웃해 있으면서도 산업위기대응특별지역이자 고용위기지역이었다. 로컬라이즈 군산은 이러한 사회 문제에 착안해 '지역 자원을 활용한 관광 활성화 및 일자리, 지역 소득 창출'을 목표로 했다. 3년간 26개 창업팀을 선발해 육성했고, 창업팀이 지역 소상공인과 함께하는 페스티벌 로라위크(로컬라이즈위크)를 매년 개최했다. 전체 창업팀 매출은 2019년 12억 원, 2020년 29억 원, 2021년 56.6억 원으로 해마다 큰 폭으로 증가했다.

로컬 창업을 장려하는 과정에서 언더독스 팀은 디테일을 놓치지 않기 위해 노력했다. 창업가나 기업들로부터 로컬 창업 교육이 진행되는 동안 골목상권을 침해하지 않는 데 동의를 구했고, 지역 예산만이 아니라 외부 대기업으로부터도 교육 예산을 확보해 타지 창업가도 포용하는 현장을 만들고자 했다. 창업 교육을 ESG 경영 수요와 결합하면서도 사회 문제까지 해결하는 창업 교육을 제대로 뿌리내려야 한다는 문제의식을 바탕으로 섬세하게 실행에 나선 것이다.

정부 정책 기조나 글로벌 ESG 트렌드가 바뀌다 보니 기업은 해마다 새로운 ESG 활동을 기획해야 했다. 그러니 ESG 담당자들 입장에서는 매번 새로운 기획을 선보이는 언더독스가 매력적인 파트너로 보였을 것이다. 덕분에 담당자 사이에서 입소문이 나면서 언더독스는 로컬라이즈 군산 외에도 다채로운 창업 교육을 진행할 수 있었고, 협업 문의도 점점 늘어났다. 늘 해오던 것에만 만족하지 않고, 시장이 필요로 하는 것이 무엇인지 '시장 관점'에서 고민한 결과였다.

현재에 안주하면 뒤처진다

액트프러너는 늘 다음에는 무엇을 어떻게 실행할지 고민해야 한다. 시장이 급변하는데 나 혼자 제자리에 머물다가는 변화에 적응하지 못하고 도태될 수밖에 없기 때문이다.

ESG 시장에서 창업 교육으로 호응을 얻고 뛰어난 성과를 거뒀지만, 언더독스는 멈추지 않고 한 걸음 더 나아가기로 했다. 창업 교육을 지원하는 기업과 기관 파트너를 창업가의 '페이스메이커'로 정의하고 이들이 창업가를 효과적으로 지원할 수 있도록 교육 관리 체계를 만들었다. 페이스메이커에게 최적화한 교육 프로그램을 제안하고, 교육 성과를 정리해 공유하는 등 시스템을 만들었다. 또한, 파트너들을 위한 ESG, CSR(Corporate Social Responsibility, 기업의 사회적 책임) 관련 세미나나 리포트를 제공하기도 했다.

액트프러너라면 시장에서 수요를 찾을 때에도, 수요를 찾아낸 후에도 적극적으로 실행해야 한다는 것을 잊어서는 안 된다. 이는 인바운드(In-bound)와 아웃바운드(Out-bound) 모두 필요하다는 의미이기도 하다.

쉽게 설명하자면 인바운드는 고객이 먼저 나에게 다가와 의뢰하는 방식, 아웃바운드는 내가 먼저 잠재고객에게 다가가 제안하는 방식이다. 두 방식 모두 고객의 필요를 이해하고 시장 중심 관점을 기르는 데 중요하다.

언더독스는 '창업 교육이 달라져야 한다'는 관점에 기반해 실전형 창업 교육을 시장에 먼저 제시했다. 해당 교육이 호응을 얻자 이를 지켜보던 기업 담당자들이 먼저 새로운 의뢰를 해왔다.

파트너사를 위한 제안과 지원 시스템

기업 대상 창업 교육이 입소문을 탈수록 더 많은 인바운드 문의가 이어졌다. 이 과정에서 지방 소멸 문제를 해결해야 한다는 정부의 니즈와 전반적인 ESG 트렌드에 따라 창업 교육에 관심을 두는 기업 담당자가 늘어나고 있음을 빠르게 포착해냈다. 이에 언더독스는 창업 교육을 기업 고객의 니즈에 맞춰 먼저 기획하고, 제안하고, 빠르게 실행할 수 있었다. 이러한 일련의 과정에는 액트프러너의 시장 중심 관점이 모두 담겨 있다.

액트프러너의 시장 중심 관점의 핵심은 크게 3가지다.

첫째, 고객과 시장에 대해 끊임없이 이해하려 한다.

둘째, 시장 수요와 경쟁에 적절히 대응한다.

셋째, 미래 수요를 예측해 한발 앞서 실행한다.

언더독스는 정부 주도로 창업이 활성화하는 시기에 기업의 사회공헌 활동, ESG 경영, 로컬에 대한 관심도 등이 맞물리는 것을 발견했다. 이를 그냥 넘기지 않고 기회로 보아 새로운 창업 교육 모델을 제시했다. 일부는 지자체나 정부가 채택해 제도화하기도 했다. 한발 앞선 실행이 고객과 시장의 인정을 받으면서 언더독스는 보다 크게 성장했다.

실행으로 증명해온 시간

언더독스 사업 10년 차의 회고

창업 후 3년 이내 폐업하는 비율이 40%에 달한다는 조사 결과가 있다. 그만큼 살아남기 힘든 시대다. 돈을 버는 걸 넘어 의미 있는 일에 초점을 맞추는 사회적 기업이라면 더더욱 살아남기 힘들다는 것이 일반적인 평이다. 그러나 언더독스는 외부 투자 없이도 10년간 사업을 유지해왔을 뿐만 아니라 누적 매출 500억을 이루었다. 온전히 고객의 선택을 받아 가장 기업다운 형태로 그 가치를 인정받은 셈이다. 사회 문제를 해결하는 창업가, 그들을 양성하고 지원하는 데 초점을 맞춘 사회적 기업이 사회적 가치뿐만 아니라 비즈니스적으로도 의미 있는 규모를 만들어낸 근간은 바로 '실행'이었다. 즉, 언더독스는 스스로 액트프러너가 되어 실행이 곧 생존 전략임을 증명해낸 셈이다.

의문을 잠재우는 것은 성과이고, 성과는 실행에서 나온다

언더독스의 지난 10년은 단순히 돈을 벌기 위함이 아니라 '증명'하기 위한 시간이자 과정이었다. 사실 언더독스가 탄생한 것도 '사회적 기업이 사회를 긍정적으로 변화시키면서도 기업으로서 충분히 성장할 수 있다'는 사실을 증명하기 위함이기도 했다. '창업 교육은 돈이 안 된다', '확장성이 없다'는 의문과 지적 앞에서도 마찬가지였다. 오프라인 코칭 위주의 창업 교육으로도 성공할 수 있음을 증명하겠다는 의지, 나아가 증명해내야만 한다는 사명감이 있었다. 그리고 결국 증명해냈다.

언더독스가 이처럼 증명해낸 바탕에는 '실행'을 근간으로 하는 액트프러너십이 있다. 이러한 액트프러너십은 대표나 임원, 초기 창립 멤버들에게만 국한하지 않는다. 액트프러너십에 대해 가까이서 보고 듣고 직접 '실행'해본 언더독스의 구성원 한 명 한 명에게 닿아 있다. 실제로 1년 차 신입 마케터는 언더독스에서의 시간을 통해 "실행은 목표와 가까워지는 가장 쉬운 방법"임을 알게 됐다고 했다. 그는 자신이 맡은 세미나 모객을 더 잘하기 위해 타깃을 명확하게 정립하고 2주간 25가지 서로 다른 액션을 실행했다. 그 경험 덕에 그는 고객을 더 잘 이해하게 됐고, 세미나 모객도 성공적으로 해냈다.

언더독스 사관학교 7기 수강생이자 언더독스와 함께 저스트리브(Justlive)라는 고시원 공간 사업을 하기도 한 스타트유어스 문석진 대표는 언더독스가 창업가들에게 "에어백 역할을 한다"고 했다. 이어서 "언더독스는 창업가가 자신의 생각에 안주하지 않도록 실행을 독려하고, 투자 유치부터 행정적 지원까지 거드는 동료이자 윙맨(Wingman)이 되어주었다"고 평했다. 창업가의 실행을 돕는 것이 언더독스가 가장 중요하게 여기는 역할 중 하나라는 것이다. 이는 사회 문제를 해결하는 창업가를 모으고, 그들의 시행착오를 줄이며, 지속가능한 비즈니스를 영위하도록 돕는 언더독스의 초기 미션과도 맞닿아 있다.

언더독스는 10년간 2만 명 이상의 창업가와 만나 그들을 연결하는 생태계를 만들어가고 있다. 그 과정에서 가장 중요했던 것도 바로 '실행'이다. 창업사관학교는 사회를 변화시키고 싶은 창업가형 인재를 끌어당겼다. 이후 창업가들이 실제로 사업을 시작하고 팀빌딩을 하는 과정에서 투자를 유치할 때에는 뉴블랙, 언더독스, 뉴키즈인베스트먼트 등 관계사들이 힘을 보탰다. 무상으로 고강도 창업 교육에 도전하고, 최초로 실전에 버금가는 창업 코칭을 커리큘럼의 80% 이상 포함하였으며, 처음으로 풀타임 몰입형 창업 교육과 규모 있는 로컬 창업 교육을 기획했다. 컴퍼니빌딩을 위해 지주사 구조를 확립하고 '사회적 기업을 만드는 사회적 대기업'의 뜻을 공고히 했다. 이 모든 것을 기획하고 구상하는 데 그치지 않고 실행했다. 지금의 언더독스는, 나아가 언더독스가 완성해가고 있는 사회적 기업 생태계는 모두 이러한 실행들이 모여 만들어진 결과물이다.

백 마디 말보다 한 번의 실행이 증거가 된다

"창업 교육을 통해 각자 자리에서 주변을 변화시키고 고객을 만족시키는 창업가를 육성하면서도 충분히 성장 곡선을 만들 수 있다."

"창업 교육과 투자, 컴퍼니빌딩을 연계해 예비·초기 창업가들을 뒷받침할 수 있다."

"사회적 기업도 투자나 정부 지원 없이 자생력 있는 기업이 될 수 있다."

언더독스가 지금까지 증명해온 것들의 일부이다. 하나하나가 주위에서 불가능할 거라 여기던 것들이다. 언더독스는 '실행'을 통해 이 모든 것이 가능한 일임을 보여줬다. 나아가 "실행하면 살아남아 번창할 수 있다"는 것을 보여주는 산증인이 됐다.

실제로 종로에 있는 언더독스의 건물을 보며 구체적인 꿈과 목표를 얻었다고 말하는 예비·초기 창업가가 많다. 이들은 액트프러너십을 통해 사회 문제를 해결하고 비전을 이루면서도 성공할 수 있다는 희망이 생겼다고 한다. 언더독스는 창업 코칭을 통해 액트프러너십을 강조하고 전파하는 동시에 스스로 실행을 통해 액트프러너의 표본이 된 것이다. 모두 10년간 언더독스가 해온 '무모해 보이는' 시도, 최초의 사례, "돈이 되겠냐"는 비관적 시각을 실행으로 반박하고 증명해낸 결과다.

언더독스는 여기에 만족하지 않고 늘 스스로 질문한다.
"오늘 우리는 어떤 실행을 하고 있는가?"
"공통의 목표를 이루기 위해 인내하고, 리드하고 있는가?"
"'하던 대로'의 관성에서 벗어나 새로운 아이디어를 적극적으로 실험하고 있는가?"
"성과에 대한 높은 기준을 타협하지 않으며 어려운 결정이라도 명확하게 소통했는가?"

"미래의 수요까지 예측해 경쟁자보다 한발 앞선 과감한 실행을 해봤는가?"

언더독스의 10년을 관통하는 이런 질문을 피하지 않고 담대하게 마주한다면 누구나 액트프러너가 될 수 있다. 선택도, 결과도 각자의 몫이다.

액트프러너가 되기 위한 실행 1
— 문제 정의와 관점 도출

모든 사업은 문제를 발견하고 해결하는 과정이다. 사업에서 아이템과 아이디어가 중요하다는 말은 결국 '어떤 문제를 어떻게 해결할 것인가'와 같은 의미다. 그러나 머릿속으로만 생각하는 것과 실제로 문제를 정의하고 이를 해결할 관점을 정리해 보는 것은 하늘과 땅 차이이다.

다음은 언더독스가 창업 교육에 활용하는 '문제 정의와 관점 도출'의 예시이다.

문제 정의와 관점 도출 예시	
내 비즈니스 아이디어	• 내가 관심 있는 비즈니스 아이디어는? • 내가 관심 가진 분야는? • 나는 '누구'의 '어떤 문제'를 해결하고 싶은가? 예시) 우리 지역에서 나는 특산물을 활용하면 지역 경제 발전에 좋지 않을까?
내가 생각한 솔루션	• 아이디어를 어떤 식으로 비즈니스로 만들까? • 나는 '어떤 문제'를 '어떻게' 해결하고자 한다. 예시) 지역 특산물을 활용한 영양제 개발, 생산 및 판매
실행 방안	• 아이디어와 솔루션을 검증하기 위해 어떤 실행을 해봤나? 예시) 지역 특산물을 만드는 농가 방문 지역 특산물 시장, 기성 제품 등에 관한 시장 조사 지역 특산물을 관리하는 도청 담당자 취재하기
실행 결과	• 실제로 검증한 내용은?(실제로 고객을 만나 파악하고 검증한 결과) 예시) 특산물 활용보다 특산물을 생산하고 생긴 부산물을 처리하는 게 더 큰 문제다. • 추가 검증 필요한 내용은? (아직 검증되지 않았거나 추가 확인 필요한 사항) 예시) 부산물을 기존에 어떻게 처리하고 있는지 아직 모른다.
아이디어 수정하기	• 검증을 통해 새롭게 얻은 인사이트나 아이디어는? 예시) 부산물을 활용할 방법이 없을까? 부산물의 특성을 십분 활용해보자.
솔루션	• 검증 후 개선하거나 보완된 해결책은? 예시) 처치하기 곤란한 특산물과 부산물을 활용해 2차 가공품을 만들자.

문제 정의와 관점 도출 예시

위 예시를 참고해 다음 표에 각자 자신이 찾아낸 문제와 관점을 정리해보자.

내 비즈니스 아이디어	• • •
내가 생각한 솔루션	• •
실행 방안	• • •
실행 결과	• •
	• •
아이디어 수정하기	•
솔루션	• • •

문제 정의와 관점 도출 양식

2장
당신은 액트프러너인가

"어째서 앙트프러너가 아니라 굳이 액트프러너라고 불러야 할까?" 이런 의문이 든다면, '액트프러너'라는 이름에 숨겨진 맥락을 짚어봐야 한다. 10년 넘게 창업 교육을 해오면서 언더독스는 2만여 명의 예비·초기 창업가를 만났다. 사업 분야도, 풀고자 하는 문제도, 비즈니스 모델도, 팀도 천차만별이었지만, 한 가지는 분명했다. 준비를 철저히 한 창업가, 지식이나 배경이 뛰어난 사람이 아니라 발로 뛰고 '실행'하는 창업가만이 살아남아 끝내 성공을 거뒀다. 이런 창업가가 바로 '액트프러너'이고, 실행에 뛰어나며 변화에 기민한 액트프러너의 속성이 바로 '액트프러너십'이다. 이러한 액트프러너십의 면면을 파악한다면, 누구나 '실행'을 통해 가치 있는 결과를 만들어내는 액트프러너가 될 수 있다.

시대가 원하는 기업가

새로운 일을 시작할 때는 그 '일'이 무엇인지를 잘 알아야 한다. 창업을 하고 싶다면 창업은 무엇인지, 나아가 기업은 무엇이며 기업가는 어떤 사람인지 알아야 한다. 창업이든 기업이든 기업가든, 각 용어가 어떤 의미인지를 알아보는 것은 단순하지만 반드시 필요한 과정이기도 하다.

보통 창업한 사람을 기업가(앙트프러너), 그들의 자질과 마인드셋을 기업가정신(앙트프러너십)이라 한다. 기업가는 기본적으로 '사업을 통해 돈을 버는 사람'이지만, 그것만으로는 설명이 부족한 면이 있다. 시대에 따라 달라지기도 하는 기업가의 상(像)에 대한 논의나 인식도 제대로 드러나지 않는다.

기업가가 되고 싶다면 단순히 사업을 통해 돈을 버는 것을 넘어 시대가 기업가에게 요구하는 상에 주목해야 한다. 바로 지금 앙트프러너, 그중에서도 액트프러너에 대한 논의가 창업에 뛰어드는 모든 이에게 꼭 필요한 이유이다.

용어를 알면 방향이 보인다

'기업가(앙트프러너)'라는 용어는 생각보다 역사가 길지 않다. 17세기 초 유럽에서 처음 등장한 것으로 알려져 있는데, '생계를 위해 장사를 하는 사람'을 지칭했다. 기업가정신, 즉 '앙트프러너십'은 한 세기가 더 지나서야 처음 등장했다. 앙트프러너를 현재와 같은 '리스크를 감수하고 본인 사업체를 차려서 고정 임금 없이 수입을 올리는 사람들'로 정의한 사람은 프랑스의 경제학자 리처드 캉티용(Richard Cantillon)이다. '앙트프러너'라는 단어가 '착수하다, 시작하다, 감수하다'를 의미하는 프랑스어 'entreprendre'에서 파생되었으니 태생부터 '창업'의 의미를 담고 있다고도 볼 수 있다.

또한, 'entreprendre'는 각각 '어떤 것 사이에'를 뜻하는 '앙트레(entre-)'와 '잡다, 선택하다'를 뜻하는 '프랑드르(prendre)'가 합쳐진 단어이다. 직역하자면 '사이에서 잡는 사람'이라는 의미다. 어원부터 '연결'의 의미를 내포하고 있는 것으로, 돈을 벌 수 있는 아이디어와 시장을 연결하는 사람, 다양한 자원을 모아 연결함으로써 기회를 잡으려는 사람이라고도 볼 수 있다. 그렇기에 자본을 끌어모으고, 책임을 지고, 혁신적인 방법에 따르는 리스크를 감수하며, 고객과 투자자, 팀원 등 다양한 이해관계자 사이에서 의사결정을 내리는 것이 기업가의 본질이라 해도 과언이 아니다.

이처럼 앙트프러너의 어원에서 찾은 기업가의 본질은 크게 3가지로 정리할 수 있다.

전통적인 앙트프러너의 3가지 특징

- 사업화: 사업 기회를 인식하고 선택해 도전한다.
- 자원 확보: 필요한 자원을 확보해 소비자들이 원하는 재화, 서비스를 제공

한다.
- 경영 관리: 사업체를 설립, 조직해 사업을 성장시키고 관리한다.

기업가 상은 시대에 따라 변한다

기업가 상은 18~19세기에 이르러 보다 선명해졌다. 당시 프랑스 정치경제학자 장-바티스트 세이(Jean-Baptiste Say)는 앙트프러너를 영어로 번역하면 '모험가(Adventurer)'가 적절하다고 주장했다. 모험가는 모험을 떠나기 위해 동료와 자원을 모으고, 팀을 이끌어 새로운 기회를 찾아 나선다는 점에서 기업가와 유사하다. '부족한 자원'을 획기적으로 활용하면서 자본을 조달한다는 점도 그렇다. 과거 신대륙 발견에 나섰던 모험가들의 마인드가 오늘날 기업가정신의 원형으로 평가받는 것을 보면 세이의 주장은 분명 일리가 있다.

20세기에 이르러 앙트프러너의 정의가 다양해졌다. 경제학자 조지프 슘페터는 '창조적 파괴'를 기업가정신의 핵심이라 봤다. 새로운 상품, 새로운 기술, 새로운 방식, 새로운 조직, 새로운 시장 등 새로운 조합(Combination)을 통해 이전에 없던 생산 패턴을 만들어내는 것이 곧 기업가라는 의미이다. 따라서 개인만이 아니라 국가나 아젠다가 기업가의 속성을 띨 수도 있다는 관점이 등장했다.

이후 앙트프러너의 정의는 직접 사업을 일으키지 않더라도 스스로 가치를 창출하고 외부 상황을 살피면서 '배움(learning)'을 멈추지 않는 것으로까지 확장했다. 자연스레 '사내 벤처'나 '조직 내 기업가정신'이라는 표현도 등장했다.

자본주의에 대한 고찰에서 기업가의 상이 세분화하기도 한다. 20세기부터 조명받기 시작한 '사회적 기업가'의 상은 21세기에 이르러 자본과 사회의 균형을 맞추는, 사회 문제를 해결하는 동시에 시장에서 기회를 발견하는 창업가로 정의됐다. 이들은 단순히 기부나 봉사활동으로 사회공헌(CSR)을 하는 것이 아니라 아직 해결되지 않은 문제를 해결함으로써 소셜 임팩트를 발휘하는 것 자체를 회사의 미션으로 삼는다. 그러면서도 이익 활동을 게을리하지 않고 혁신적인 솔루션을 찾아내는 기업가를 지향한다. 이는 새로운 시대에 맞는 새로운 정체성이라 할 수 있다.

이처럼 기업가의 상은 '위험을 감수하고 새로운 시도를 하는 사람'에서 시작해 '부족한 자원으로 획기적인 솔루션을 고안해 내는 사람'까지, 시대가 변할수록 세분화했다. 상업화가 이뤄지면서 기업의 규모가 커지고 자본주의 시스템이 확립됨에 따라 기업가의 혁신성이 강조되기도 했고, 기후위기 같은 사회 문제를 해결하면서 사업 기회를 포착하는 사람을 새 시대의 기업가 상으로 보기도 한다.

그러나 잊어서는 안 된다. 기업가 상이 바뀐다 해도 '모험에

나선다'는 본질만은 달라지지 않았다. 모험에 '나서는' 액트프러너가 어느 시대에든 성공할 수 있는 이유이다.

액트프러너,
모험을 떠나는 사람

언더독스는 지난 10년 동안 창업 교육을 통해 현장에서 창업가들과 호흡하면서 '이 시대 창업가들에게 가장 필요한 것'은 '실행'이라고 확신하게 됐다. 위험을 무릅쓰고, 사람과 자본과 자원을 모아 사업을 시작하고, 혁신적인 접근법으로 시장에 새로운 바람을 불러일으키는 '앙트프러너'에서 한 걸음 더 나아가 '실행'에 초점을 맞추는 '액트프러너'가 되어야 한다는 것이다. 실행은 언제나 중요했고, '실행가'가 되지 않고서 성공한 기업가는 역사상 단 한 명도 없으며, 지금이야말로 그 어느 때보다도 실행이 중요한 시대이기 때문이다.

'초불확실성'을 돌파하는 것은 결국 실행

세상은 '불확실성의 시대'에서 나아가 '초불확실성의 시대'라고 한다. 실제로 2019년에 코로나19와 같은 전염병이 전 세계를 휩쓸 것이라 예측한 사람이 있을까? 코로나19는 3년 이상 세계 경제를 마비시켰다. 그뿐인가? 팬데믹이 조금 잠잠해지는가 했더니 러시아·우크라이나 전쟁으로 유가 및 원자재 가격이 치솟았다. 이런 일련의 상황에 따른 양적완화의 후유증으로 미국을 포함한 수많은 나라가 인플레이션에 시달렸다. 급격한 기후 변화도 지금껏 인류가 겪어본 적 없는 기후위기로 우리를 몰아넣고 있다.

'초불확실성' 중에서도 최근 창업가에게 큰 변수가 될 수밖에 없는 것이 2022년 이후 등장한 생성형 인공지능(AI)이다. AI는 잘 활용하면 큰 기회를 주지만, 다른 위기를 불러오기도 한다. 각종 AI 서비스와 AI 툴을 활용해 현저히 낮아진 비용으로도 간단한 시제품을 만들어볼 수 있게 됐으니 이는 창업가에게 매우 유리한 일이다. AI를 활용해 생산성을 끌어올릴 수도 있다. 그러나 한편으로는 AI가 대체할 수 없는 가치를 만들어야 살아남을 수 있으니 이는 창업가에게 큰 벽이자 위기가 되기도 한다.

이처럼 무수히 많은 변수와 빠르게 변하는 트렌드 속에서 창업가는 시행착오를 겪을 수밖에 없다. 기존의 지식이나 본인의 직감만으로는 사업을 일으키기 어렵다. 초불확실성의 시대, AI라는 기회와 위기가 공존하는 시대에는 더더욱 아이디어만으로 시장에서 승기를 잡기가 힘들다. 그래서 '실행'이 더욱 중요해진다. 실행해야만 남들이 보지 못한 기회를 현장에서 발굴할 수 있고, AI가 대신할 수 없는 영역을 장악할 수 있기 때문이다.

도전하지도, 모험을 떠나지도, 고객을 만나 부딪쳐보지도 않은 창업가는 자기 세계에 갇히기 쉽다. 자신이 선호하는 것이나 개인의 직관에 의존해 '이 아이디어는 대박 날 것'이라고 속단한다. 그러나 시장의 수요와 반응을 알아보기 위한 실행이 없으면 결국 고객의 외면을 받을 수밖에 없다.

실행은 화면 속에 없는 데이터를 발굴하는 작업과 같다. 내가 다가가야 할 고객을 정의하고, 찾아내고, 그들의 이야기를 들으면서 해결해 주어야 할 문제가 무엇인지 알아내는 일이다. 나아가 그렇게 한정된 자원으로 이 문제를 해결하기 위해 창의적인 방법을 도출하고 빠르게 시도해보는 일이기도 하다. AI가 시장과 고객 조사를 도와줄 수는 있어도 화면에 없는 '경험'은 만들어 줄 수 없다. 액트프러너는 이러한 시대의 현실 위에서 불확실성을 뚫고 나아가는 창업가다.

'틈새'를 찾아내는 실행

고객의 속성이 다양해지면서 기존 자료조사나 데이터 분석만으로 고객을 특정하기 어려워지고 있다. 흔히 고객을 성별, 연령, 국가와 같은 기준으로 구분하는데, 이제 더 이상 이런 요소만으로 고객을 미루어 짐작할 수 없는 시대라는 뜻이다. 이처럼 개인화와 다양성이 두드러질수록 고객과의 만남이 중요하다. 고객을 만나야 이들의 수요를 더 빠르게 파악해 불확실성을 줄이고 통찰을 얻을 수 있기 때문이다. 실행이 중요해진 이유다.

데이터 분석가이자 『시대예보: 핵개인의 시대』의 저자인 송길영 작가는 "우리는 앞으로 서로에게 작은 팬덤이 되어주고, 그 팬덤에 기대 살아가게 될 것"이라고 주장했다. 마이크로(micro) 집단으로 잘게 쪼개진, 취향 기반의 커뮤니티가 마이크로 인플루언서의 지지 기반이 된다는 의미다. 나아가 그 팬덤은 인플루언서의 경제적 기반이 되기도 한다. 큰 수익을 내지 못하더라도 개인이 명확하게 고객을 특정하고 그들과 연결되어 먹고살 수 있는 시대가 성큼 다가왔다는 의미이기도 하다.

각 커뮤니티에 속한 이들은 전통적인 인구 분류표로 한데 묶기 어렵다. '달리기'라는 공통분모로 모인 사람들은 저마다 성별과 직업, 거주지역이 다르다. 같은 아이돌을 좋아하는 팬들도 똘똘 뭉치지만 연령대나 성별 등은 제각각이다. 이제 국경마저 뛰어넘는 커뮤니티가 생겨나는 세상이다.

이런 상황에서 창업가는 여러모로 발품을 팔아야 한다. 인구통계 데이터를 있는 그대로 받아들여서는 안 된다. 그 데이터 이면에 생생하게 살아 숨 쉬는, 취향과 지향점이 서로 다른 고객을 직접 찾아내고 그들의 이야기를 경청해야 한다. 이런 '실행'을 해본 창업가와 그렇지 않은 창업가의 격차는 점점 벌어진다. 현장에서 다양한 잠재고객의 패턴과 공통된 '페인 포인트(pain point)●'를 알아낸 창업가만이 살아남는 시대가 됐다.

유튜브에서 자기계발 콘텐츠를 즐겨 보는 사람이라도 각자의 취향과 원하는 바에 따라 서로 다른 자기계발 크리에이터를 구독할 만큼 시장은 잘게 쪼개져 있다. 이런 상황에서는 '니치마켓(niche market)', 즉 '틈새시장'을 잘 공략해야 한다. 그래서 고객과

● 고객이 경험하는, 기꺼이 돈을 지불해서라도 해결하고 싶은 문제나 불편함

의 만남이 더욱 중요하고, 실행이 창업가에게 가장 시급한 과제로 떠오른 것이다. 자신이 도전하려는 니치마켓의 고객을 대면해본 창업가는 남들이 보지 못한 것을 볼 수 있다. 직관과 데이터 조사에 직접 현장에서 발품을 팔아 얻은 '실행의 통찰력'이 더해지면 창업가는 혁신적인 해결책을 제시하는 액트프러너로 거듭난다.

창업의 벽이 되는 '사회적 중력'

우리나라에는 '창업보다 취업'이라는 인식이 일반적이다. 실제로 창업을 하겠다고 하면 너무 위험하다며 차라리 취업하라고 권유하는 사람이 많다. 창업하려는 사람의 비전을 응원하기보다는 실패에 대한 우려로 만류하려 든다. 창업은 필연적으로 리스크를 감수해야 하지만, 한국은 리스크를 '회피의 대상'으로 보는 사회이다. 창업을 향한 '사회적 중력'이 작동하고 있는 셈이다.

다행히 창업에 대한 인식은 점점 관대해지고 있다. 10년 전 언더독스가 창업 교육을 시작한 이래 한국에서 창업 교육, 창업 지원 프로그램은 점차 늘어났다. 사회적 중력에도 불구하고 창업에 대한 관심도 커졌다. 창업 관련 키워드가 포함된 언론 기사는 2007년 1만9,111개에서 2019년 10만1,937개로 껑충 뛰었다. 창업을 다루는 책과 유튜브, 방송 등이 인기를 끌면서 창업 관련 지식도 보편화했다.

2021년 「국내 창업환경 및 창업인식 변화에 관한 연구」에 따르면 한국의 창업생태계 제반여건에 대한 평가도 개선됐다. 2016년에 비해 2021년 정부지원금 조달용이성에 대해 긍정적으로 보는 응답자가 유의하게 늘어났다. 출발선의 격차가 좁혀졌다는 의미다.

그러나 아직은 갈 길이 멀다. 여전히 사회는 창업에 냉소적이고 비판적이다. 2019년 인식 조사에 따르면 응답자의 71.8%가 "한국 사회는 실패해도 괜찮다는 인식이 퍼져 있지 않다"고 봤다. 5년 뒤 조사에서도 '청년들이 새로운 도전을 하기 어려운 문화'라는 문항에 응답자의 62.5%가 "그렇다"고 했고, 61.8%의 응답자가 '소득이 불확실한 창업보다 따박따박 월급이 들어오는 안정적인 직장생활이 더 좋다'고 답했다.

이 같은 사회 분위기는 예비 또는 기존 창업가에게 '실패하면 어쩌지'라는 불안감과 두려움을 준다. 창업가는 위험을 감수하고 혁신적인 시도를 해야 하는 사람이다. 익히 접해본 경로가 아니라 새로운 길을 개척하는 것이 기업가의 숙명이지만, 한국 사회는 창업가의 도전이 싹을 틔우기도 전에 오므라드는 토양이 되어버렸다.

아이러니하다 느낄 수도 있지만, 이런 상황일수록 '실행'에 초점을 맞춰야 한다. 고민이 길어질수록 실패에 대한 두려움이 커지게 마련이다. 지나치게 겁을 내기보다는 작게라도 실행해보는 것이 중요하다. 첫걸음을 뗐다면 멈추지 않고 나아가는 것이 경쟁력이다. 실행이 이어져야 한다. 직접 시장과 고객을 만나고 문제에 대한 관점을 뾰족하게 다듬는 과정에서 액트프러너는 주변의 우려를 불식시키고 명료한 문제의식과 유연한 해결책으로 추진력을 얻는다.

실행이 곧 공부다

여전히 실행을 통해 진짜 고객, 진짜 문제를 마주하는 창업가를 찾기란 쉽지 않다. 왜일까? 아이러니하게도 창업 관련 지식이 쌓이고 지원받을 기회가 많아졌다는 것도 이유의 하나이다. 창업 전에 더 많이 배워야 한다는 생각으로 도전이나 시도를 유예하는 사람이 늘고 있다. 심지어 사업에 맞는 창업가 지원 프로그램을 찾는 게 아니라 반대로 지원 프로그램에 맞춰 사업을 이어가기도 한다. 창업에 대한 진입장벽이 낮아진 빛의 이면에는 주객이 전도되는 그림자가 생겨난 것이다.

국민대학교 소프트웨어융합대학원 윤종영 교수는 한 인터뷰에서 한국과 미국의 초기기업 또는 스타트업 창업가의 마인드셋에 차이가 있다고 했다. "지금까지 한국 창업 생태계는 돈을 지불하고 서비스를 사용하는 고객과 시장보다는 정부 지원 프로그램에 의존해 왔던 것이 사실"이라는 지적이다. 빈번 기술 창업의 성지로 여겨지는 실리콘밸리는 기술 자체만이 아니라 이것을 누구를 위해, 어떻게, 왜 써야 하는지 고민한다. 그 과정에서 시장에 대한 치열한 관점이 수반되고 기업가정신이 싹튼다.

사업 지원을 받기 위해 제안서를 쓰는 데 총력을 기울이느라 현장에서 실제로 고객을 만날 시간을 빼앗겨서는 안 된다. 고객을 직접 대면해 그들의 문제를 발견하고 해결책을 마련해 그 효력을 확인해보는 것이 지원이나 투자를 받는 것보다 훨씬 강력하다. 틀이 갖춰져 있는 프랜차이즈를 창업할 때에도 마찬가지다. 먼저 고객에게 무엇이 필요한지, 남들보다 조금 더 나은 제안이 무엇인지 찾아내야 한다. 이를 찾아내는 가장 효과적인 방법은 발품을 파는 것이다. 그렇게 시장과 고객을 집요하게 관찰하고 실행하는 창업가가 '한 끗 차이'를 만들어낸다.

기업가는 지식이 부족해서가 아니라 실행이 부족해서 시행착오를 겪을 때가 더 많다. 오늘날의 창업가에게는 실행을 통해 결과를 만들어내는 것, 누구보다 많이 실행해 가장 많이 고민해보고 자기 확신을 갖는 것, 시장과 고객에 집중하며 과감하게 새로운 시도를 하는 것이 가장 중요하다. 그 어느 때보다도 액트프러너십이 필요한 시대가 된 것이다.

가능성을
현실로 만드는
액트프러너의
5가지 역량

액트프러너십은 '실행을 통해 희박했던 가능성을 현실로 구현하여 연쇄적인 혁신을 일으키는 창업가의 역량'이라고도 할 수 있다. 그러나 액트프러너가 필수로 갖춰야 할 역량이 실행력만은 아니다. 10여 년간 실전형, 몰입형 창업 교육을 통해 액트프러너를 키워온 언더독스는 그간의 경험과 관찰을 통해 액트프러너가 갖춰야 할 역량을 총 5가지로 구조화했다. 언더독스의 설립부터 성장까지의 과정을 통해 이야기한 바 있는 실행력, 문제 해결 능력, 리더십, 협업 스킬, 시장 중심 관점이다.

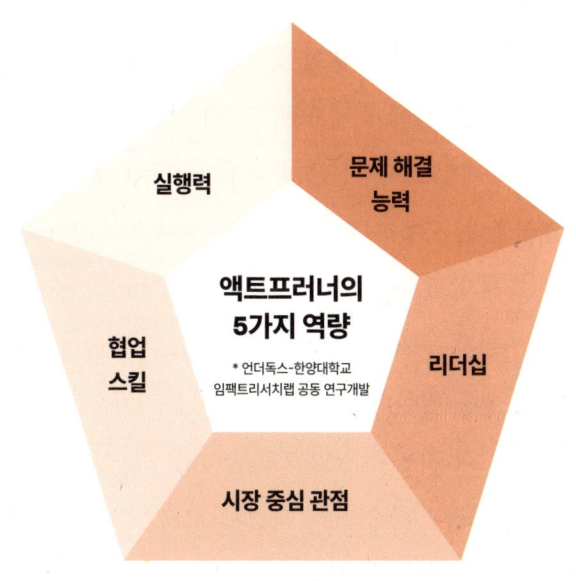

액트프러너의 5가지 역량

스스로 주인공이 되는 '실행력'

'실행'은 말 그대로 '실제로 움직이는 것'을 뜻한다. 그러나 무턱대고 움직이기만 한다고 실행은 아니다. 계획이나 아이디어를 실제로 행동에 옮기는 행위와 그 과정이 진정한 '실행'이다. 따라서 실행에 앞서 계획과 아이디어, 목표가 있어야 하고, 그 목표를 이루는 방향으로 나아가는 힘이 필요하다. 남이 시켜서 행동하는 것이 아니라 스스로 의사결정과 행동의 주인이 될 때 진정으로 '실행했다'고 할 수 있다.

실행력에는 도전정신, 추진력, 주도성이 필요하다. 도전정신은 쉽지 않은 장기 목표를 세우고 이를 향해 지치지 않고 나아가는 힘을 뜻한다. '중꺾마(중요한 것은 꺾이지 않는 마음)'라는 유행어야말로 액트프러너에게 필요한 도전정신과 인내심을 잘 표현한 말이다. 이 같은 도전정신은 창업가가 바로 행동을 취해야 추진력과 결합한다. 사업 계획을 세웠다면 머뭇거리거나 이리저리 재지 않는 자세가 필요하다.

이러한 자질은 누가 시키지 않아도 스스로 행동을 취하는 주도성을 만나 빛을 발한다. 창업에는 내적 동기가 필요하다. 사회적 지지나 제도적 지원이 창업을 독려하고 도움을 줄 수는 있지만, 결국 성공하려면 창업자의 자질과 의지가 무엇보다 중요하다. 스스로 실행의 주인공으로서 주도적으로 행동하는 것, 그리하여 기대 이상의 성과를 내는 힘이 액트프러너의 실행력이다.

창업가의 관점을 통한 '문제 해결 능력'

액트프러너가 목표를 세우고 쉼 없이 실행하려면 자신이 또는 팀이 함께 풀고자 하는 '문제'가 있어야 한다. 이 문제는 자신의 경험이나 핵심 고객과 일치하는 타인의 경험에서 발견할 수 있다. 상상만으로는 찾아낼 수 없다. 현장에서 부딪쳐야 보인다. 실행을 통해 문제를 정확히 파악하고 새로운 제안을 하는 사람, 나아가 실제 성과를 만드는 창업가가 액트프러너이다.

액트프러너가 '제대로' 실행하려면 '문제 해결 능력'이 필수이다. 문제 해결 능력은 문제를 이해하는 통찰력, 이를 혁신적으로 해결하는 창의성, 수준 높은 결과를 이끌어내려는 성과지향성을 아우르는 능력이다. 실제로 시장 조사와 고객을 만나 이야기를 듣는 과정 없이는 문제를 해결할 수 없다. 직접 부딪혀보는 실행이 통찰력으로 이어지고, 그렇게 생겨난 문제에 대한 '관점'이 있어야만 문제를 해결할 수 있다.

창업가에게 있어 관점이란 단순히 무엇을 어떻게 보느냐가 아니다. 문제를 발견하고 분석해 어떻게 해결할 것인지까지 담겨 있어야 한다. '어떤 사람(페르소나)'이 '어떠한 어려움(문제)'을 '왜(원인)' 겪고 있으며, '이렇게(솔루션)' 해결하겠다는 계획이기도 히다.

직접 생산한 지역 특산물이 생각보다 판매가 저조해 고민인

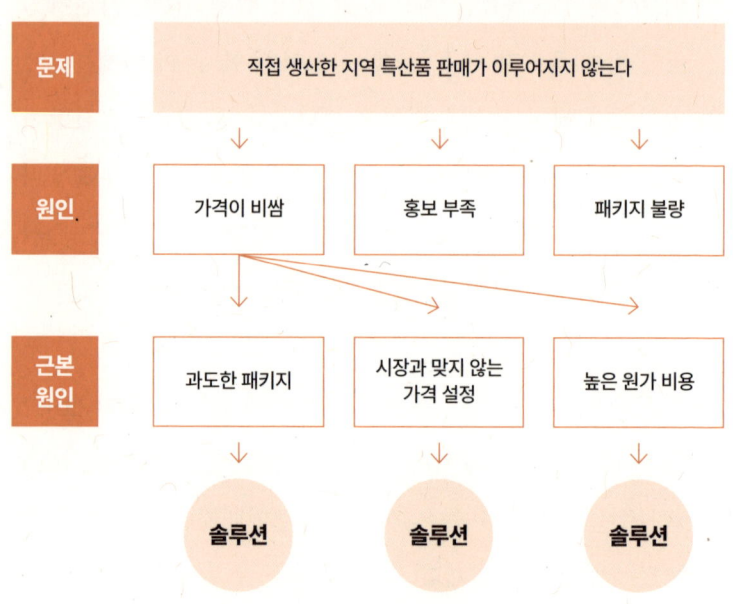

문제 해결을 위한 문제 정의

사람이 있다고 해보자. 이때 문제에 일차원적으로 접근하기보다는 원인을 분해하고 근본적으로 다른 솔루션을 생각해 실행하는 것이 액트프러너십의 정석이다. 판매가 안 되는 이유가 홍보 부족 때문인지, 제품 자체는 좋지만 가격을 잘못 책정한 것인지, 패키지가 좋지 않은 것인지 등 문제 원인을 진단해야 가장 적합한 실행 방안을 도출할 수 있다.

결국, 문제 해결의 첫 단계는 정확한 문제 파악, 즉 '문제 정의'이다. 이렇게 정의한 문제를 해결하는 가장 효과적인 대응 방안은 '원래 하던 대로'와는 다른 경우가 많다. 그동안 했던 것과는 다르게 해야 변화를 일으킬 수 있다.

어떤 순간에도 결단을 내리고 책임지는 '리더십'

문제를 이해하고 목표를 세워 주도적으로 해결책을 만들어가는 과정을 혼자 해낼 수는 없다. 반드시 동료가 필요하다. 팀의 리더 역할을 맡게 되는 창업가는 사업의 방향을 누구보다도 숙고하되 '어려운 결정'을 내리는 책임을 다해야 한다. 또한, 팀의 사기가 꺾이지 않도록 낙관적인 태도를 견지해야 팀원들이 실행력을 잃지 않는다.

액트프러너의 리더십에는 결단력, 책임감, 회복탄력성이 필요하다.

결단력은 조직을 위해 어렵지만 필요한 결정을 스스로, 빠르게 내릴 수 있는 역량이다. 이때 '어렵지만 필요한'과 '빠르게'가 핵심이다. 누구나 피하고 싶지만 반드시 거쳐야 하는 의사결정을 피하거나 미루지 않고 적시에 하는 것이 액트프러너 리더십의 핵심이다. 완벽한 결정이 아니라 온전히 결정하는 것이 중요하다.

또한, 리더는 결단에 책임을 져야 한다. 책임 있는 결단은 신뢰를 바탕으로 한다. 책임을 뜻하는 영어 단어 'Responsibility'가 '대답하다'라는 뜻의 라틴어 'Respondere'에서 나온 만큼, 리더는 팀에게 응답하여 책임을 다하는 자리이다.

마지막으로, 액트프러너는 어려움 속에서도 비관보다는 낙관을 바탕으로 결정해야 한다. 그래야 팀에 긍정적인 영향을 미칠 수 있고, 어려움에서도 더 빠르게 회복할 수 있기 때문이다.

일이 되게 하는 '협업 스킬'

액트프러너는 결국 '일이 되게' 하는 사람이다. 협업 없이는 될 일도 안 된다. 그래서 액트프러너는 협업에 능해야 한다. 열린 사고방식으로 소통해 팀이 하나 되어 공동의 목표를 이루도록 팀워크를 고민하고 실행에 옮겨야 한다. 또한, 조직에 필요한 자원을 외부에서 적절하게 조달할 수 있도록 네트워크를 확보해야 한다.

애플의 창업자 고(故) 스티브 잡스는 협업 스킬의 대가였다. 그는 한 차례 애플에서 해고됐다가 1997년 복귀했다. 당시 애플은 그야말로 쓰러지기 직전의 회사였다. 위기를 타개하기 위해 잡스는 제품 라인을 4개로 단순화하고, 사람들이 제품을 만드는 데 집중하도록 조직 구조를 바꿨다. 비즈니스 관련 소통은 자신을 거치도록 일원화했다. 또한, 제조 역량 및 유통망 체질 개선을 위해 팀 쿡을 영입했다. 괴팍하기로 유명하긴 했지만, 잡스는 이

협의/자문 (Consultation)	결정을 내리기 전 의견 청취
참여 (Participation)	계획 수립, 대안 제시, 실행 등 직접 관여 제한적으로 의사결정에 참여
협력 (Partnership)	대등한 입장에서 이해관계가 양립하는 경우 같은 목적을 위해 협력
협상 (Negotiation)	대등한 입장에서 이해관계가 대립하는 경우 정치적, 외교적으로 타협
정보 공유 (Information)	상호 관련 정보 공유
공동 의사결정 (Deciding together)	의사결정 참여

액트프러너의 협업 방식

과정에서 협력을 강조하고 팀원의 의견을 경청했다. 애플에서 방출된 후 팀워크와 소통의 중요성을 깨닫고 달라진 것이다. 추진력과 인사이트로 유명했던 그가 협업 스킬까지 갖추면서 진정한 액트프러너가 된 셈이다.

시장의 미래를 만들어내는 '시장 중심 관점'

실행과 문제 해결 능력의 중심은 시장이다. 액트프러너는 시장 상황을 정확하게 이해하려 노력하고, 이를 바탕으로 현재에 안주하지 않고 미래를 향한, 경쟁자가 넘보지 못할 만큼 과감한 대응을 해야 한다.

시장 중심 관점은 '고객/시장에 대한 이해'와 '시장 대응력', '과감한 미래 지향성'으로 나뉜다.

우선, 액트프러너는 외부 변화를 배우려는 자세로 고객은 물론 경쟁사도 관찰해야 한다. 이를 통해 현재 시장 상황을 큰 그림으로 볼 줄 아는 시야를 확보하여 시장에 제대로 대응할 수 있다. 시장 대응력은 다시 말해 우리가 제시하는 해결책이 지금 시장에서 어떤 가치를 창출하는지 제대로 판단하는 힘이다.

액트프러너는 현재 시장에서 보이는 수요뿐 아니라 미래 수요를 예측하고 과감하게 치고 나가는 차별화된 역량을 갖춘 사람이다. 현장에서 고객과 문제, 경쟁사, 시장을 파악했다면 기존 관행에 얽매이지 않는 새로운 아이디어를 실행에 옮겨야 한다. 이때, 해결책은 지레짐작이 아니라 미래 수요에 대한 가설에 기반해야 한다. 현재에 안주하지 않고 미래를 주도하겠다는 과감함이 있어야만 경쟁자보다 앞서갈 수 있다. 액트프러너는 시장의 미래를 조형(造形)하는 기업가라고 볼 수 있다.

결국, 다시 '실행'으로

언더독스는 창업가가 액트프러너의 5가지 역량을 이해하고 발휘할 수 있도록 실전형 코칭을 한다. 이러한 코칭을 통해 수많은 예비 창업가가 실행에 능한 인재가 됐다. 부동산 스타트업 저스트리브의 창업자 문석진 대표도 그중 한 명이다.

시작은 '노후한 고시원을 개선해 주거공간의 가치를 더하겠다'는 포부였다. 그러려면 고시원 1호점을 계약해야 했는데, 부동산을 고르는 결정은 녹록지 않았다. 억 단위를 오가는 계약금 때문에 판단이 더욱 어려웠다.

문석진 대표는 "만약 혼자였다면 적당히 알아보고 끝났을 것"이라고 회상했다. 먼저 고시원 사업을 해본 사람들에게 시세, 위치 등을 물어보는 기초적인 사전 조사에 그쳤을 것이라는 뜻이다.

언더독스는 문 대표에게 '고객을 만나봤는지'를 가장 먼저 물었다. 고시원 계약을 하기 전에 거주 공간에 대한 수요를 알아보기 위해 고객을 만나 진짜 목소리를 들을 방법을 고민했고, 아이디어 브레인스토밍을 통해 고객의 수요를 확인할 방법을 다양하게 도출했다.

고객 설문 조사를 해보면 어떨까? 향후 저스트리브가 만들 고시원 이미지를 레퍼런스로 제시하면서 고객 인터뷰를 해보면 어떨까? 가상의 가격을 제시하고 전단지를 만들어서 수요자를 모집하면 어떨까? 이렇게 고객을 만날 창의적이고 혁신적인 접근법을 구상했으니 남은 것은 현장에서 부딪혀보는 것뿐이었다. 이러한 과정을 통해 무사히 1호점을 론칭할 수 있었다.

1호점을 론칭했던 시기를 돌아보며 문 대표는 "기존에 내가

했던 생각이나 액션의 범위를 넘어서는 질문을 계속 던져주는 것이 좋았다"고 말했다. 창업자는 항상 미지의 영역에 발을 내디뎌야 하는 운명이다. 위축될 수도 있다. 그러나 액트프러너십을 추구한다면 문제에 대한 끈질긴 집념과 과감함으로 남들이 생각해내지 못한 솔루션에 다가갈 수 있다.

다음과 같은 표로 정리하면 고객을 명확히 파악하고 더욱 확실한 해결책을 도출하는 데 도움이 된다.

솔루션 분석표	
페르소나(가상 고객)	
기존 솔루션	기존 솔루션의 한계점
페르소나가 기존 솔루션에서 느낀 가장 큰 한계점	문제를 해결하기 위해 가장 중요한 부분 (핵심가치)

솔루션 분석표

당신은
'창업'을 오해하고
있을지도 모른다

언더독스 조상래 부문대표는 창업가들이 실행하지 못하는 이유로 3가지를 꼽는다.

첫째, 실행이 무엇인지 모른다.

둘째, 실행의 필요성을 모른다.

셋째, 실행의 필요성은 알지만, 방법을 모른다.

이처럼 실행하지 않거나 머뭇거리느라 또는 잘못된 실행에 시간과 에너지, 자원을 허비하느라 겪지 않아도 될 시행착오를 겪는 기업도 많다. 이런 시행착오는 대부분 창업에 대한 오해에서 비롯된다.

창업은 취미생활이 아니다

상당히 많은 사람이 '내가 하고 싶은 일'을 실현하는 것이 창업이라 생각한다. 머릿속에 떠오른 사업 아이디어를 제품이나 서비스로 구현하는 것이 곧 창업의 완성이라 여기는 것이다. 실제로 언더독스 코칭에 참여했던 심리학 전문가는 심리 관련 앱을 론칭한 경험이 있었는데, 알고 보니 고객을 거의 만나보지 않고 마케팅 계획도 수립하지 않은 상태에서 앱을 만들었다. 당연히 앱은 별다른 호응을 얻지 못했다. 제품이나 서비스를 만드는 것으로 '실행'이 끝났다고 오해한 경우다.

물론 내가 겪는 불편함과 문제로부터 출발해 해결책을 마련하는 것도 좋은 방법이다. 하지만 이때에도 내가 겪는 문제를 비숱하게 겪는 다른 잠재고객을 만나 이야기를 듣고, 어떻게 이 문제를 해결할지 관점을 정립하는 과정은 필수다. 창업은 결국 문제를 해결해주고 그 대가로 수익을 올리는 활동이기 때문이다.

'내가 하고 싶은 것'을 하는 것은 창업의 한 부분일 뿐 전부는 아니다. 자신의 욕구나 희망보다는 시장에 부딪혀서 얻은 관점이 중요하다.

'완벽한 준비'는 환상에 불과하다

무엇을 해야 좋을지 모르거나 걱정과 두려움이 앞서서 실행하지 못하는 창업가도 많다. 이런 상황에서 시장에 부딪혀보기보다는 '더 준비해야 한다'는 생각에 사로잡히는 사람도 있다. 뭘 해야 하는지도 잘 모르지만, 일단 뭐라도 '준비'하다 보면 불안감이 줄어들기 때문이다. 이들은 시장이나 고객을 만나기보다 자신이 충분히 준비되어야만 제대로 된 결과를 만들어낼 수 있다고 여긴다.

하지만 사업의 결과는 '내가 얼마나 준비됐는가'와 무관하다. 내가 아무리 무수히 많은 시장 조사와 고민을 통해 사업 아이디어에 확신이 생겼더라도 예상했던 결과가 나오리라 보장할 수 없다. 본인이 준비한 대로 제품이나 서비스를 론칭한다 해도 시장 반응은 기대와 다를 가능성이 크다. 오히려 지체 없이 실행해 시장에 부딪혀봐야 사업의 윤곽을 알 수 있다.

예비창업자들은 종종 정답이 보여야만 실행하려 한다. 그러나 창업에는 정답이 없다. 시행착오를 통해 성장해야 한다. 지금의 불안함도 준비가 아닌 실행을 통해 자기 확신으로 바꿔 나가야 한다.

첫술에 배부를 수 없다. 창업 시장에는 단숨에 업계 1등이 되는 왕도는 없다. '적절한' 시행착오를 통해 고객과 시장이 원하는 새로운 해법을 찾아가고, 그렇게 얻은 반응과 결과를 바탕으로 다음 실행을 이어가야 한다.

수영이든 마라톤이든 완벽히 준비하기보다는 일단 출전해야 무언가 얻을 수 있다. 꼴등을 하더라도 완주를 목표로 하면 된다. 그러면 다음번에는 어떻게 해야 더 좋은 성적이 나올지 알 수 있다. 그러나 혼자서 뛰고 헤엄치며 아무리 준비해도 대회에 참가하지 않으면 아무런 결과물도 나오지 않는다. 일단 출전해보고 경험을 쌓는 것이 중요하다. 창업가 역시 실행을 통해 다음 목표와 방향을 찾고, 불안을 자기 확신으로 바꿀 수 있게 된다.

투자 유치는 '결과'가 아니다

실행하는 자세는 예비 또는 초기 창업가에게만 유효한 것이 아니다. 이미 사업을 운영 중인 창업가와 팀에게도 유효하다. 사업과 회사가 승승장구하고 있다 해도 여전히 고객 중심으로 문제의 본질을 파악하고 해결하는 액트프러너십이 필요하다. 하지만 처음에는 실행을 즐기는 창업자도 상황이 바뀌면 실행을 후순위로 여기기도 한다. 특히 투자 규모나 언론의 인터뷰 횟수, 높은 매출 등을 '성공'의 지표로 여겨 더 이상 실행하지 않고 현재에 안주하는 창업자도 있다.

벤처투자 시장이 활발하던 2010년 중반 이후, '얼마나 큰 규모의 투자를 유치했는가'로 창업가의 성공을 판가름하는 분위기가 생겨났다. 대규모 투자를 받으면 가치를 인정받았다며 이미 성공한 것처럼 자축하기 바빴다. 물론 투자 유치도 의미가 있다. 문제 해결을 위한 자원을 확보하는 일이니까. 하지만 투자 유치만으로는 실제로 고객의 문제를 해결해 시장에 변화를 일으킬 수 없다. 투자는 실행을 위한 수단이자 도구일 뿐이다.

매출 지상주의도 액트프러너십에 어긋날 여지가 있다. '돈만 벌면 그만'이라는 태도로는 사업이 지속 불가능하다. '창업을 다르게(Start differently)'라는 관점으로 창업 교육을 이어온 언더독스는 현장에서 고객의 삶에 변화를 일으키는 것을 의사결정의 기준으로 본다. 창업은 단지 돈을 버는 행위가 아니라 문제 해결의 연속이라는 관점이다. 따라서, '문제 해결'이라는 본질에서 벗어나 매출에 매몰되는 사람은 액트프러너가 아니다.

아마존은 '고객제일주의'로 유명하다. 거의 '강박증(Obsession)'에 가까울 정도로 고객 중심의 마인드셋을 강조한다. 수익성이 다소 떨어지더라도 고객이 원하는 기능이라면 얼마든지 시도하고 실행하는 것이 아마존의 조직문화다. '고객의 문제에서 출발하면 나머지는 다 따라온다'는 경영 원칙이 있기 때문이다. 오늘날 가장 성공한 글로벌 기업 중 하나인 아마존도 여전히 실행을 멈추지 않는다.

아마존은 고객의 문제를 해결하기 위해 다음과 같은 '역방향 접근법'을 사용한다.

아마존의 역방향 접근법(Working Backward Method)

1. 고객의 관점에서 보도자료 초안을 작성한다.
2. 이 기회가 충분히 강력한지 평가한다. '우리가 이걸 만들어야 할까?'
3. 해결책을 찾고 이해관계자의 동의를 구한다.
4. 구체적인 로드맵을 구축하고 주제를 정의한다.
5. 실행해야 하는 과업을 목록으로 작성하고 업무를 할당한다.

액트프러너에게 필요한 자세는 기존 관행에 얽매이지 않는 새로운 시도를 누구보다 먼저 제시해보는 것, 최고의 선택을 찾아 헤매기보다는 '지금 최선의 선택을 한다', '실행을 통해 최선의 선택으로 만든다'는 마음가짐이다.

자영업자도 액트프러너가 될 수 있나요?

액트프러너십의 개념을 설명하고 그 중요성을 강조할 때면 항상 듣는 질문이 있다.

"자영업자도 액트프러너가 될 수 있나요?"

보통 '기업가정신'은 성공한 기업의 리더 또는 벤처기업에나 적용되는 것으로 여기기 때문이다. 기업가정신조차 생소한 대한민국이니 액트프러너십을 생소하게 여길 만도 하다. 그러나 액트프러너십의 본질은 작은 규모의 사업을 하는 자영업자에게도, 심지어 일반 직장인에게도 중요하다.

액트프러너십은 누구에게나 필요하다

자영업자에게는 액트프러너십이 멀게 느껴질 수도 있다. 하지만 실행을 강조하는 액트프러너의 자세는 누구에게나 큰 경쟁력이 된다. 변화무쌍한 시장에서 고객을 만족시키고 수익을 창출하며 성장하려면 실행이 가장 확실한 답이기 때문이다. 기업이라면 규모와 상관없이 혁신적인 시도를 지속해야 살아남아 번성할 수 있다. 액트프러너십의 본질과 맞닿아 있다.

실제로 인더독스는 네이버와 협업해 중소형 기업(SME)을 대상으로 '네이버 SME 브랜드 런처'라는 성장 지원 프로그램을 진행했는데, 이때도 액트프러너십을 강조했다. 자영업자는 보통 혼자 또는 작은 규모의 팀이 매장을 운영하거나 사업을 영위한다. 그러다 보면 하루하루 일에 파묻히기 십상이다. 그래서 평소 놓칠 수 있는 '문제 해결 관점' 코칭이 중요했다. 왜 이 사업을 하는지, 왜 이 브랜드를 만드는지 큰 그림을 그리는 질문이 핵심이었다.

실제로 프로그램을 이수한 사장님들에게 변화가 생겼다. '사업하는 마인드가 바뀌었다'는 후기가 많았다. 단지 매출을 올리는 데 급급하지 않고 본인이 사업을 하는 이유, 브랜드를 만드는 이유를 정립하는 데 액트프러너십 중심의 코칭이 도움이 됐다고 한다. 사업 정체기가 찾아와 고민하던 사장님도 이럴 때일수록 고객의 니즈에 더 집중하면서 문제가 무엇인지, 어떻게 해결할지 발품을 팔아 알아내야 한다는 사실을 깨달았다고 전했다.

"고객 입장에서 전면적으로 다시 생각해보게 됐어요."

이런 후기를 남긴 사장님은 코칭을 통해 고객 인터뷰를 진행하고 브랜드의 '유니크 셀링 포인트(unique selling point)*'를 정의했다. 단순히 잘 팔릴 만한 제품을 만들어 많이 파는 '장사꾼 마인드'에서 벗어나 이 음식을 통해 사람들에게 어떤 메시지를 전해야 하는지, 그러기 위해 '다르게' 시도할 만한 접근법이 무엇인지 고민하는 마인드가 생겨났다.

그 일환으로 교육생들은 상세페이지도 고객 입장에서 새로 만들었다. 제품 표시사항도 달라졌다. 일반 고객들이 모를 만한

• unique selling point(usp), 제품이나 서비스가 경쟁 제품과 차별화되는 고유한 장점이나 특징

전문 용어를 덜어냈고, 경쟁 제품과의 차별점이 무엇인지 직관적으로 소개했다. "당신의 삶에 이런 긍정적인 변화가 생긴다", "당신의 문제를 이렇게 해결한다"고 설득하는 방향으로 톤을 바꿨다. 전과 똑같은 제품을 팔지만, 훨씬 고객 중심으로 세팅이 바뀐 것이다.

혁신을 멈추면 대기업도 망한다

자영업자의 반대편에 서 있다고도 볼 수 있는 대기업도 액트프러너십이 낯선 건 마찬가지다. 조직의 규모가 커지고 매출이 늘다 보면 고객의 불편함이나 문제를 해결하는 데 집중하기보다는 '어떻게 돈을 벌까'만 궁리하게 되기도 한다. 성과에 집중하기보다는 일을 처리하는 것 자체에 매몰되기도 한다. 액트프러너십은 이런 조직과 사람들에게도 실행의 우선순위를 세우는 데 도움을 준다. '어떤 실행'을 해야 혁신하고 성장할 수 있는지 분명한 기준을 부여한다.

『공격의 전략』의 저자이기도 한 스탠포드 대학교 베넘 타브리치 교수는 규모가 큰 조직은 "기존의 방식으로 사업이 지속될 수 없다는 사실을 (조직이) 직시해야" 쇄신할 수 있다고 주장했다. 그 예로 나이키 사례를 소개했다.

나이키 창립 초기인 1977년, 마케팅 책임자였던 롭 스트라서는 「원칙」이라는 문서를 사내에 공유했다. 책임자 개인이 앞으로 나이키 조직이 가져야 할 관점과 방향을 제시하고 '안주하면 안 된다'는 메시지를 상기시키는 내용의 문서였다.

롭 스트라서가 공유한 「원칙」

1. 우리의 비즈니스는 변화무쌍하다.
2. 우리는 공격 태세에 있다. 언제나 그렇다.
3. 완벽한 과정이 아닌 완벽한 결과가 중요하다. 규칙을 깨라. 법과 싸워라.
4. 이 일은 비즈니스이자 전쟁이다.
5. 아무것도 가정하지 마라. 사람들이 약속을 지키게 하라. 당신 자신과 다른 이들을 몰아붙여라. 가능성을 최대한 뻗어라.
6. 자급자족하라.
7. 임무가 완성되기 전까지 당신의 일은 끝난 게 아니다.
8. 위험 요소: 관료주의, 개인의 야망, 약점을 들키는 것, 에너지 뱀파이어, 한 접시에 너무 많이 담는 것
9. 우리의 일이 아름답지는 않을 것이다.
10. 옳은 일을 하면 돈은 저절로 굴러들어올 것이다.

이 문서에는 정확히 대기업이 빠지기 쉬운 '안일함의 함정'을 경계하는 내용이 가득하다. 계속 공격 태세를 유지하면서 변화하는 시장에서 '(고객의 문제를 해결하는) 옳은 일'을 하면 돈은 자연스레 따라온다고 주장한다. 변화에 기민하게 반응하면서 높은 수

준의 결과를 지향해야 한다고 강조하며, 단순히 매출을 유지하기 위해 새로운 도전에 인색해지는 태도를 지양하겠다는 메시지를 담고 있다.

「원칙」에 담긴 내용들은 액트프러너의 5가지 역량과도 잘 맞아떨어진다. 시장에 대응하며 항상 과감하게 치고 나아가는 힘과 미래를 만드는 액트프러너십의 관점이 나이키가 지금과 같은 성공을 거둔 정신적인 토양이라 할 수 있다.

회사의 ESG 활동을 창업 교육과 연계해 색다른 시도에 도전했던 언더독스의 파트너사들도 문제를 창의적으로 해결하려는 액트프러너의 면모를 잘 보여준다. 대기업의 사회 공헌 활동이라고 하면 연말에 연탄을 나르거나 기부하는 것 정도를 떠올리기 쉬운데, '하던 대로'에서 벗어나 회사와 사업, 사회 모두에 이바지하는 ESG 프로그램을 새로이 만든 것이다. 물은 고이지 않아야 가장 낮은 곳까지 흘러 세상을 이롭게 한다. 대기업 또한 액트프러너십의 피가 돌 때 썩지 않고 자기 자신은 물론이고 고객, 나아가 사회까지 이롭게 할 수 있다.

우리는 모두 액트프러너가 되어야 한다

액트프러너는 결국 자신의 관점을 가지고 우선순위가 높은 실행을 하는 사람이다. 고객의 문제를 찾아내고, 그에 맞는 해결책을 아이디어로 구상하며, 그 효과를 끊임없이 테스트하는 것이 액트프러너의 실행이다. 그래서 액트프러너십은 스타트업이나 벤처기업뿐만 아니라 자영업자, 규모 있는 조직에 두루 통한다. 모두 자본주의 사회에서 문제 해결을 통해 가치를 창출해야만 하는 주체이기 때문이다.

경쟁자들보다 더 나은 제안을 하는 사람만이 차별화에 성공해 시장에 파장을 일으키고 살아남는다. 그런 제안을 하려면 항상 스스로 생각의 한계를 넘어서려는 노력이 필요하다. 누가 시키지 않았는데도 조직문화라 할 만한 문서를 만들어 공유하고 "우리는 언제나 공격 태세에 있다"고 선언하는 나이키처럼 말이다.

자신의 생각을 뛰어넘으려는 창업가는 액트프러너가 될 수밖에 없다. 액트프러너는 누가 지시하지 않아도 새로운 해결책을 탐구하고, 기존에 시도해본 적 없는 비즈니스 모델을 고민한다. 아이디어에 불과한 생각을 실행에 옮겨보고, 실패를 통해 더 나은 방안을 찾아낸다. 이런 과정을 학습과 성장의 기회로 여긴다. '관점'과 '행동'을 결합해 복잡하고 급변하는 세상 속에서도 가능성을 열어가는 이런 자세가 바로 모든 조직에 액트프러너십이 필요한 이유다.

underdogs.

ESG Social Impact

86%

Act Preneur

May
Jul

프로젝트 유형

언더독스는 창업 팀으로부터
애로점, 모집에 지원이
시리즈 낼 수 있는 프로젝트를
함께 했습니다

팀도
액트프러너가 된다

액트프러너십은 창업자 개인만이 아니라 창업팀 전체의 마인드셋이기도 하다. 팀 단위에서 여러 사람이 힘을 합쳐 각자의 강점이 어우러졌을 때 액트프러너의 5가지 역량이 제대로 발휘될 수 있다. 리더 개인이 오각형 액트프러너를 지향하는 것도 중요하지만, 팀원들이 서로의 역량을 보완하여 팀 단위의 액트프러너십을 발현하는 것도 좋은 방법이다. 이 같은 맥락에서 협업 스킬은 액트프러너의 핵심 역량이면서 팀이 액트프러너십을 발휘하는 관건이라고도 볼 수 있다.

1+1을 10으로 만드는 팀 단위 액트프러너십

팀으로서의 액트프러너십은 어떻게 발현될까? 액트프러너십을 회사 차원으로 넓혀 각 팀이 실행력, 문제 해결 능력, 리더십, 협업 스킬, 시장 중심 관점을 균형 있게 확보하는 것이 관건이다. 그러려면 각 팀원의 강점은 무엇인지, 그 강점이 액트프러너십과 어떻게 연결되는지 파악해야 한다. 반대로 그 팀원에게 부족한 액트프러너로서의 역량을 다른 팀원의 강점으로 채우면 상호 보완적이고 조화로운 팀을 만들 수 있다.

외부 이해관계자와의 커뮤니케이션에 능한 팀원이 있다고 해보자. 그는 설령 잠재 고객사로부터 연달아 퇴짜를 맞더라도 좌절하지 않고 다시 다가가 끝내 원하는 바를 얻어낸다. 반면 제안서를 새롭게 기획하고 제작하는 역량은 부족하다. 이때, 고객과 시장에 대한 관점을 바탕으로 뻔하지 않은 제안서를 만들 줄 아는 다른 팀원과 협력한다면 팀 전체의 문제 해결 능력과 시장 중심 관점이 강해진다.

높은 성과 기준을 세우고 좋은 결과를 이끌어내는 '일잘러' 팀원이 의외로 주도성이나 추진력, 실행력이 부족한 경우도 종종 있다. 주어진 문제를 해결하는 능력은 탁월하지만, 문제 해결의 출발선에 서기를 어려워하는 것이다. 이럴 때는 문제 해결의 엔진 역할을 하는, 그러면서도 긍정적인 태도로 함께 어려움을 헤쳐나가고자 하는 팀원과 협업하게 하면 상호 보완적인 파트너가 된다.

리더는 팀이 모여 시너지를 내고 액트프러너십을 발휘할 수 있도록 신경 써야 한다. 물고기에게 나무를 오르라 하고 원숭이에게 어항에 들어가 헤엄치라고 해서는 안 된다. 각자의 강점을 잘 살릴 수 있도록 주의해야 한다. 액트프러너십에 제대로 기여하지 못하는 팀원이 있다면 그 팀원의 강점이 제대로 발휘되고 있는지 점검하고 피드백해야 한다. 문제에 대한 관점을 공유하며 우선순위 높은 실행을 하는 팀이 되도록 지휘할 줄 알아야 한다.

주체적인 팔로워십

팀이 한데 힘을 합쳐 액트프러너십을 실현하려면 리더십 못지않게 팔로워십(Followership)도 중요하다. 액트프러너인 리더가 팀의 방향성을 제시하면 팔로워십을 가진 팀원이 그 비전에 실행력을 더하기 때문이다. 그래야 팀으로서의 액트프러너십이 극대화된다. 리더가 제시하는 방향으로 실행하는 팔로워십이 뒷받침될 때 비로소 팀은 서로 의지해 액트프러너십을 발휘할 수 있다.

팔로워십은 단순히 리더의 지시를 따른다는 의미가 아니다. 오히려 리더에게 역으로 질문을 던질 줄 아는 것이 팔로워십이다. 팔로워십이 있는 팀원은 능동적이고 독립적으로 사고한다. 리더의 의견을 무비판적으로 수용하기보다는 리더와 조직이 원하는 목표를 이루는 데 필요한 건설적인 대안을 제시하려 한다. 하수인이 아니라 파트너이자 공동 리더와도 같다. 주체적인 팔로워십은 리더의 행동을 바꾸고 조직을 성공으로 이끄는 핵심 요소다.

주체적인 팔로워십을 강조한 카네기 멜론 대학교의 로버트 켈리 교수는 "조직의 성공에 있어 리더가 기여하는 바는 많아야 20%이며, 나머지 80%는 팔로워들의 기여"라고 주장했다. 팔로워십이 끊임없이 실행하고 혁신하는 조직, 액트프러너십에 능한 팀이 되기 위한 전제 조건이라는 의미이다. 리더가 액트프러너라 해도 팀원들이 액트프러너와 거리가 멀다면 액트프러너십을 온전히 실천하기 어렵다.

액트프러너의 5가지 역량을 팀원의 관점에서 바라보자. 공통의 목표를 이루기 위해 포기하지 않는 인내심, 주도적으로 행동해 기대 이상의 성과를 만드는 힘, 기존 방식에 머물지 않고 새로운 아이디어를 실험하는 태도, 각자의 강점으로 서로의 약점을 보완해주는 협업 스킬이 팀원들에게도 깃든다면, 그 팀은 누구보다 놀라운 실행력을 보여주는 팔로워십을 장착할 수 있다. 액트프러너를 추구하는 이들이 모여 팔로워십을 구축한다면 액트프러너십은 자연스럽게 따라온다.

팔로워십과 액트프러너십을 결합하려면 리더가 팔로워의 조력자가 돼야 한다. 리더로서 액트프러너가 될 수 있는 팀원의 팔로워십을 일깨우는 역할을 해야 한다는 뜻이다. 그러려면 리더 스스로 액트프러너의 본을 보여야 하고, 팀원이 액트프러너가 될 수 있다는 믿음을 보여주어야 한다.

액트프러너십이 팀원을 '전문가'로 성장시킨다

최근 주목받는 '코칭리더십'을 보면 팀원들이 액트프러너로서의 팔로워십을 갖는 데 액트프러너인 리더가 중요한 역할을 한다는 것을 알 수 있다.

코칭리더십은 팀원의 강점과 약점, 동기 부여를 파악해 개개인의 발전을 돕는 리더십이다. 실리콘밸리의 저명한 코치 빌 캠벨이 대표적인 예시이다. 살아생전 그는 스티브 잡스와 제프 베조스, 페이스북 전 COO 셰릴 샌드버그 등 탁월한 실리콘밸리

리더들이 찾는 리더십 코치였다. 사람들의 의사결정이 원활하게 이뤄지도록 하는 데 특히 관심을 기울인 그는 이런 말을 하기도 했다.

"나와 함께 일한 사람들이나 내가 어떤 방식으로든 도움을 준 사람 중에서 훌륭한 리더로 성장한 사람이 몇 명인지 세어보라."

즉, 빌 캠벨은 함께 일하는 팀원을 리더로 성장시키는 사람이 뛰어난 리더라고 본 것이다. 이를 액트프러너십 관점에서 보면, 탁월한 액트프러너는 결국 함께 일하는 팀원을 액트프러너로 성장시킨다. 상대방의 성장을 돕기 위해 협업을 꺼리지 않고, 팀으로서 액트프러너십을 발휘하기 위해 각자의 강점을 이해하려는 태도를 보인다. 또한, 팀원을 위해 때로는 쓴소리도 마다하지 않고 솔직하게 소통한다. 그래야 개개인으로는 부족하더라도 함께 힘을 합쳐 액트프러너십을 온전히 발휘할 수 있기 때문이다.

각 팀원을 '전문가'로 양성하는 코칭리더십은 액트프러너십의 시장 중심 관점을 키우는 데에도 도움이 된다. 팀원들의 강점을 살피고 이들에게 전문성을 높일 기회를 제공하면서 경쟁자에게는 없는, 우리만의 차별화 포인트를 만들 수도 있는 것이다. 예를 들어, 방탄소년단(BTS)을 대표하는 핵심 키워드인 '위로'는 사내 워크숍을 통해 나왔다. 이 키워드를 그룹의 정체성으로 삼으면서 BTS는 해외 팬들에게도 공감을 얻었다. 팀플레이의 성과였다.

글로벌 커리어 플랫폼 인디드는 '좋은 코칭 리더가 되기 위해 필요한 것들'을 다음과 같이 정리했다.

- 구성원과 '열린 대화'를 하며 문제를 파악하고 정의할 것
- 칭찬과 비판의 밸런스를 맞춰 건설적인 피드백을 제공할 것
- 원온원(1on1, 일대일) 미팅을 활용해 스스로 탁월한 코치가 되고자 자기계발을 할 것
- 구성원을 신뢰하고 그들과 유대감을 강화할 것
- 코칭리더십에도 적절한 핵심 목표(KPI)를 설정하고 꾸준히 점검할 것

기업가정신과 마찬가지로 리더십의 상 또한 시대에 따라 변화한다. 액트프러너십은 변화무쌍한 지금 시대가 원하는, 실행을 우선하는 마인드셋이다. 만약 개개인이 액트프러너가 되기 힘들다면, 협업을 통해 팀 단위의 액트프러너십을 실천하는 것도 좋은 방법이다.

underdogs.

86%
ESG Social Impact

Act Preneur

Acti One

액트프러너가 되기 위한 실행 2
— 액트프러너의 5가지 역량 평가

나는 액트프러너의 5가지 역량을 얼마나 골고루 갖추고 있을까? 다음 표의 15가지 기준을 평가하여 평균 이상이라고 생각한다면 O, 평균보다 부족하다고 여긴다면 ×로 표시해보자. 이어서 135쪽 오각형의 항목마다 O 개수를 표기하고 자신에게 어떤 것이 부족한지 살펴보자.

5가지 역량	학술적 개념	정의	O/×
실행력	도전정신 (인내심)	쉽지 않은 장기목표를 향해 꺾이거나 지치지 않고 나아간다	
	추진력	머뭇거리거나 이것저것 재는 대신 바로 실행해 원하는 방향으로 나아간다	
	주도성	누가 시키지 않아도 스스로 행동하여 기대 이상의 성과를 낸다	
문제 해결 능력	문제에 대한 이해/통찰력	문제를 정확히 파악하고 효과적인 대응 방안을 찾아낸다	
	창의성(혁신성)	기존 관행에 머무르지 않고 새로운 아이디어를 실험하고 촉진한다	
	성과지향성	성과에 대한 높은 기준을 세우고 여기에 맞는 좋은 결과를 끌어낸다	

리더십	결단력	조직을 위해 어렵지만 필요한 결정을 스스로 그리고 빠르게 내린다	
	책임감	신뢰성과 정직성을 바탕으로 자신의 행동과 팀의 활동에 책임을 진다	
	회복탄력성	역경과 어려움 속에서도 긍정적인 태도로 상황에 적응해 나가면서 주위에 긍정적 영향을 미친다	
협업 스킬	팀워크 스킬	내부 조직원들과 효과적으로 팀을 이루어 공동의 조직 목표(심리적 지지, 상호조율 등)를 달성한다	
	네트워킹 스킬	외부 파트너들과 협상하고 협력하여 조직에 필요한 자원과 기술을 효과적으로 획득한다	
	커뮤니케이션 스킬	이해관계자들과 정보/의사 교환 및 상호작용을 통해 조직 성과 및 응집력을 높인다	
시장 중심 관점	고객/시장에 대한 이해	고객과 경쟁자에 대한 정보를 획득하여 현재 시장 상황을 정확하게 이해한다	
	시장 대응력	고객과 경쟁자를 이해하여 현재 시장 수요 및 경쟁에 적절히 대응한다	
	미래 지향성 (과감성)	미래 수요를 예측하고 경쟁자보다 앞서서 과감하게 치고 나간다(신제품 개발/론칭 등)	

액트프러너 역량 평가표

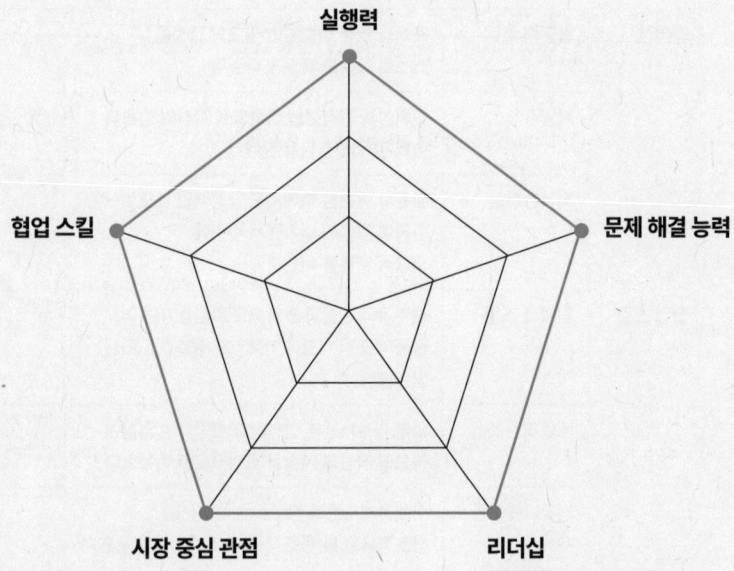

평가표를 작성했다면, 지금까지 나의 액트프러너십을 떠올리며 다음과 같이 정리하고 평가해보자.

Highlights
(잘한 점)

Lowlights
(아쉬운 점)

나의 액트프러너십 평가

3장

언더독스가 만난 액트프러너

언더독스는 국내 최초로 실전형, 몰입형 창업 교육을 기획해 운영해왔다. 실제로 창업을 해본 선배 창업가가 코치가 돼 후배 창업가에게 가장 필요한 실행의 자세를 가르치고 훈련한다. 프레임워크로 체계화된 덕에 많은 창업가를 교육할 수 있었고, 적잖은 성과를 거뒀다. 그 사례들을 통해 실제로 실행을 고민하고 실천해온, 선배 액트프러너들이 어떻게 '실행'을 발현했는지 엿볼 수 있다면 큰 도움이 될 것이다.

세계 유일의
장난감 재활용 공장,
코끼리공장

일단 뛰어든 아빠들의 '실행력'

폐장난감은 심각한 사회 문제가 되고 있다. 한국에서만 한 해 쏟아지는 폐장난감이 무려 10만 톤에 달하는데, 재활용률은 거의 0%에 가깝다. 대다수 장난감이 여러 재질로 이뤄져 있어 재활용이 까다롭기 때문이다. 한국뿐만 아니라 전 세계적으로 해결하지 못한 문제였다. 때로는 이처럼 국가가 해결하지 못하는 사회 문제를 기업이 해결하기도 한다. 이 문제 또한 변화를 일으키는 액트프러너라면 도전해볼 만했다. 그렇게 사회적 기업 '코끼리공장'이 시작됐다.

모든 아이가 장난감을 가지고 노는 세상을 꿈꾸다

코끼리공장은 폐장난감 재사용 및 재활용에 특화한 기업이다. 아이들이 쓰다 버리는 폐장난감을 폐기하지 않고 수거해서 수리하거나 적절히 분해해 재활용한다. 현재 세상에서 유일한 장난감 재활용 공장이라고 봐도 무방하다. 2014년 본격적으로 법인을 세운 후 코끼리공장은 꾸준히 새로운 비즈니스 기회를 찾아 사업 모델을 고도화했다. 이제는 유엔환경계획(UNEP) 같은 국제 NGO에서 잇따라 협업 제안을 하는, 주목받는 기업이 됐다.

코끼리공장을 창업한 이채진 대표는 어떻게 폐장난감 문제에 관심을 가지게 됐을까? 그 배경에는 어린 시절 본인이 원하는 장난감을 가지지 못했던 기억, 나아가 '앞으로 태어나는 아이들은 그런 경험을 하지 않으면 좋겠다'는 마음이 있었다.

이 대표는 아동가족학을 전공했다. 이후 어린이집 교사를 거쳐 보건복지부 산하 육아종합지원센터에서 근무했다. 센터에서 일할 당시 5억 원어치 장난감을 구매해 아이들에게 대여해주는 사업을 진행했는데, 안타깝게도 아이들 사이에 '장난감 빈부격차'가 컸다. 어떤 아이는 넘치는 장난감을 다 써보지도 못하고 버리는가 하면, 취약계층 아동은 발달 단계에 맞는 장난감을 접하지 못했다. 불균형이 심각했다. 이러한 간극을 좁히기 위해 장난감 대여 프로젝트를 진행했다. 그러나 아이들에게 빌려준 장난감 중 고장 나거나 버려지는 것이 상당히 많았다. 심지어 새 제품이나 다를 바 없는 값비싼 장난감도 재사용하거나 재활용하지 않고 폐기하기도 했다.

취약계층 아이들은 없어서 가지고 놀 수도 없는 장난감이 버려지다니, 이 대표는 마음이 아팠다. 다시 쓸 수 있는 장난감을 그냥 버리기 아깝다는 생각도 들었다. 그래서 직접 '장난감 수리단'이라는 봉사단을 꾸렸다. 공대 출신 아버지들과 함께 아이들이 쓰다 버리는 폐장난감을 수리해주는 봉사활동이었다. 일단 폐장난감을 기부받아 소독, 세척해 기부하는 일부터 실행으로 옮겼다. 이렇게 자발적인 봉사활동으로 시작된 폐장난감 수거, 수리, 기부 및 재사용 활동은 이 대표가 코끼리공장이라는 사회적 기업을 창업하는 계기로 이어졌다.

세상에 없던 컨셉, 세상에 없던 사업 모델

2014년 사회적 기업을 설립할 무렵만 해도 '쓰던 장난감을 기부한다'는 컨셉 자체가 생소했다. 아이들이 쓰는 물건이다 보니 재사용에 대한 거부감도 컸다. 그래서 기부를 받고 헌 장난감을 수거하는 일부터 쉽지 않았다. 코끼리공장에 폐장난감을 보낼 때 생활쓰레기까지 함께 보내는 경우도 있었다.

그래도 이 대표는 멈추지 않았다. 인식이 바뀌는 데는 시간이 걸릴 것을 알았기 때문이다. 현재는 매일 약 2톤에 달하는 폐장난감이 코끼리공장으로 모여든다. 액트프러너의 실행력에 추진력, 주도성, 도전정신 못지않게 인내심이 중요한 이유이다.

처음에는 반신반의했던 파트너사들도 이 대표의 진심에 마음이 움직이기 시작했다. 폐장난감을 받은 어린이집에서는 코끼리공장에 '어린이집 정기 소독' 업무를 맡기기 시작했다. 안전이 중요한 어린이 장난감을 정성 들여 취급해왔다는 점에서 신뢰가 쌓인 것이다. 이후 이들에게 정기 소독을 맡기는 파트너사가 점차 늘어났고, 소독이라는 코끼리공장의 신사업은 업계 1위 업체와 어깨를 나란히 할 정도로 커졌다. 폐장난감 재사용이라는 아이디어가 진혀 다른 사업으로 확장한 셈이다. 소독을 제대로 하기 위해 소독수 제조 기계까지 구입했다.

그러던 중 2020년, 코로나19 사태가 터졌다. 유수의 대기업에서도 코끼리공장에 사무실 소독을 의뢰하기 시작했다. 취약계층 아이들에게 장난감을 선사하기 위해 해온 실행들이 차차 주변의 신뢰를 얻고 더 큰 비즈니스 기회로 연결되는 선순환 구조가 마련됐다.

코끼리공장은 여기서 안주하지 않았다. 폐장난감 재사용을 넘어 재활용까지 영역을 넓혔다. 장난감은 환경부 산하 한국환경공단이 꼽은 '재활용이 어려움 품목'인데, 그런 장난감 재활용 시스템에 도전한 것이다. 장난감에 들어있는 전선, 나사, 고무, 섬유 등 여러 재료를 분리하고 재생 소재를 뽑아낼 수 있게 분류하는 프로세스를 만들기 시작했다. 이 공정을 시니어 근로자, 취약계층 청년들의 일자리 창출과 연계해 또 하나의 사회 문제 해결에 나서기도 했다.

매달 50톤가량 들어오는 폐장난감 중 다시 사용할 수 있는 것으로 분류되는 70%는 수리와 세척을 거쳐 취약계층, 일반, 난민 아동들에게 무상으로 전달된다. 재사용이 어려운 나머지 30%는 환경 교육 재료로 사용되거나 먼저 사람 손을 거친 후 인공지능과 초분광 선별 기술로 소재별 분류를 거친다. 이렇게 얻은 재생소재는 조명, 새로운 장난감 등 새 제품으로 재탄생한다. 아이들이 쓰는 제품에서 재활용한 소재들이다 보니 안전성이 검증된 만큼 폐장난감 재활용에 대한 선호는 높은 편이다.

인내심이 시장의 응답을 받을 때

코끼리공장의 수익 구조는 크게 두 줄기다. 첫째, 폐장난감 재활용을 통한 폐플라스틱 재생. 둘째, 장난감 수거, 재사용, 재활용 시스템 판매. 여기에 소독 사업이라는 새로운 수익원을 찾았다. 폐장난감 재활용을 통해 대기업이나 공기업에 폐플라스틱 재생소재를 판매하는 수익 모델도 만들었다. 장난감 수거부터 재사용, 재활용을 거치는 일련의 시스템은 세상에 없던 솔루션으로, 국내 여러 지자체뿐만 아니라 말레이시아, 태국 같은 해외에서도 관심을 보이고 있다. 현재의 코끼리공장이 되기까지 오랜 시간이 걸렸고, 이 대표는 묵묵히 이겨냈다.

10년 전만 해도 코끼리공장이 지금처럼 큰 규모의 기업이 되어 사회에 변화를 일으키리라고 내다본 사람은 없었다. 창업자 본인조차 "망할 듯하면서도 여기까지 왔다는 게 신기하다"고 말할 정도로 코끼리공장의 폐장난감 수거, 재사용, 재활용 사업은 전례 없는 도전이었다. 장난감 재사용에 대한 인식의 변화가 필요했고, 장난감 수거부터 재활용까지 통합하는 솔루션을 만들어야 했다. 재사용만으로 수익 구조를 만들기 어렵다는 점도 명백해 보였다.

그럼에도 액트프러너의 실행력은 '안 될 것'이라는 세간의 의견을 뛰어넘는 성과를 보여줬다. 쉽지 않은 목표를 장기적인 관점에서 바라보며 도전하는 힘, 이것저것 계산하기보다는 일단 행동을 취하고 다음 스텝을 찾아가는 힘이 있었기 때문이다.

10년 넘게 아이들과 환경을 위해 힘써온 코끼리공장의 실행은 앞으로도 '장난감 순환경제'를 통해 계속될 것이다.

어떻게 실행력을 키울 수 있을까?

많은 창업가는 자신의 아이디어에 확신을 가지고 사업을 시작한다. 하지만 창업은 단순히 얼마나 좋은 아이디어를 떠올리느냐 또는 얼마나 풍부한 관련 지식을 쌓는가가 아니라, 그 아이디어를 실행으로 옮기고 성과로 이어가는 과정이다. 알고 있다고 믿는 것을 실제로 실행해보고 검증하는 과정이야말로 창업의 본질이다.

언더독스의 코치들은 창업가들이 자신의 믿음과 지식을 명확히 구분하도록 돕는 데 중점을 둔다. 핵심은 창업가 스스로가 자신이 '아는 것'과 '모르는 것'을 명확히 인식하게 하고, 실행을 통해 직접 그 진위를 확인하도록 독려하는 것이다.

이를 위해 코치들은 창업가들에게 솔루션을 일방적으로 제시하기보다는 그들의 사고 과정을 이끌어내는 질문을 던진다.

"이런 부분이 빠져 있는데 어떻게 생각하시나요?"

"고객이 정확히 누구인지 고민해 보셨나요?"

"이런 문제를 해결하려면 어떤 접근이 필요할까요?"

이와 같은 질문들을 통해 창업가 스스로가 놓친 부분을 발견하도록 유도한다. 이러한 질문은 창업가가 자신만의 답을 찾아 실행으로 옮기도록 돕는 촉매제 역할을 한다.

이 과정에서 창업가는 단순히 지식을 쌓는 것을 넘어 실패를 통해 배우는 법을 익히게 된다. 실패는 고통스러울 수 있지만, 또한 가장 값진 배움의 기회이기도 하다. 더욱이 기획을 통해 전략적으로 실행한다면 실패조차 다음 성공을 위한 밑거름이 된다. 뚜렷한 관점과 꾸준한 실행을 통해 코끼리공장이 마침내 돌파구를 찾았던 것처럼, 액트프러너에게 실패는 실패로 끝나지 않는다. 창업가는 끊임없이 도전하며 자신이 놓쳤던 부분을 수정하고 보완하는 과정을 반복하게 된다. 이를 통해 단순히 문제를 해결하는 데 그치지 않고, 나아가 지속가능한 성장의 방향성을 찾을 수 있다.

결국, 창업이란 지식을 행동으로 전환하는 여정이다. 이 여정에서 실행과 실패는 떼려야 뗄 수 없다. 그 안에서 배우고 성장하는 것이야말로 진정한 창업가의 길이다. 언더독스가 강조하는 '실행을 통한 학습'의 가치는 이러한 여정을 단단하게 하는 밑거름이 되어 준다. 지식을 쌓는 데 그치지 말고 반드시 행해야만 한다. 액트프러너에게 실행은 생존 전략이자 다음 단계로 나아가는 필수 과정임을 잊지 말자.

액트프러너의 실행력
- 도전정신(인내심): 쉽지 않은 장기목표를 향해 꺾이거나 지치지 않고 나아가는 힘
- 추진력: 머뭇거리거나 이것저것 재는 대신 바로 행동을 취해 원하는 방향으로 나아가는 힘
- 주도성: 누가 시키지 않아도 스스로 행동하여 기대 이상의 성과를 내는 힘

여수에서의
모든 경험을
여행으로 만든 여수와

지역 토박이가 여수 관광을 업그레이드한
'문제 해결 능력'

로컬 여행사 '여수와'의 창업과 성장 과정을 보면 액트프러너로서의 명료한 문제의식, 뾰족한 실행력, 적극적인 협업이 돋보인다. 여수와는 두 가지 문제의식에서 출발했다. 하나는 '지역 관광 활성화에 뒤따르는 쓰레기 문제를 해결할 방법이 없을까?'였고, 다른 하나는 '관광객들이 보고 가는 게 진짜 여수일까?' 하는 점이었다. 이 문제들을 해결하는 과정에서 다양한 이해관계자와의 협업을 통해 현재는 '여순사건 다크투어', 여수 제철 식재료로 요리를 대접하는 '여수의 맛', 북토크와 시 낭송을 엮은 '문화잇다' 등 15가지 여행 프로그램을 운영하고 있다. 여기서 멈추지 않고 매년 2~3가지 이상의 새로운 여행 상품을 개발하고 있다.

여수 여행을 다채롭게 하는 투어와 체험 상품, 여행 선물, 숙박 경험으로까지 사업을 확장해 지역 경제에 이바지하면서 지속 가능한 사업 모델을 만든 여수와의 이야기는 로컬 기반 기업의 표본이라 할 만하다.

17년 차 교사는 왜 창업을 하게 됐을까?

히지수 여수와 대표는 여수 토박이로, 대학 시설을 제외하면 쭉 여수에서 살면서 17년 동안 중등교사로 일했다. 평생 교사로 일하다가 퇴직할 것만 같았던 그녀가 로컬 여행사 대표가 된 계기는 제지의의 대화였다.

그녀는 평소 제자들에게 '서울을 동경할 필요 없다'고 가르쳤다. 그러던 어느 날, 제자가 말했다.

"선생님이야 교사니까 서울이나 여수나 대우가 똑같겠죠."

정작 자신은 교사라는 안정적인 직업을 가지고 있으면서 제자들에게 꿈과 희망을 가지라고 가르친다는 사실이 부끄럽게 느껴졌다. 선생이란 말이 아니라 행동으로 보여줘야 하는 존재다. 그게 학생들에게도 더더욱 크게 와닿는다. 그래서 하 대표는 자신이 먼저 여수에서 성공하는 모습을 보여줘 학생들에게 본이 되기로 결심했다.

마침 1년간 휴직할 기회가 생긴 하 대표는 2018년에 교사 일을 잠시 쉬면서 사이드 프로젝트를 시작했다. 그의 눈에 들어온 문제는 '관광 쓰레기' 문제였다. 2012년 무렵부터 여수의 관광 산업이 빠르게 발전했다. 좋은 일이었지만, 쓰레기 문제도 함께 불거졌다. 또한, 여수의 관광 산업을 살피다 보니 '관광객들이 보고 가는 게 진짜 여수일까?'라는 의문도 덩달아 들었다. 여수 시민은 잘 가지 않는 음식점이 SNS에서 맛집으로 알려지며 관광객으로 북새통을 이루었다. 더욱이 이렇게 관광객들이 많이 찾는 곳은 쓰레기 문제로 골머리를 앓기 시작했다.

여수만의 특색을 살리면서 여행 쓰레기 문제를 해결하는 솔루션을 찾던 하 대표는 LG소셜캠퍼스와 언더독스가 연 '로컬밸류업' 프로그램에 참가했다. 그 결과, 자연을 파괴하지 않으면서도 '진짜 여수'를 만나는 로컬 콘텐츠를 만들어냈고, 그 가치를 인정받아 전국 단위에서 대상을 받았다. 2019년 6월, 하 대표는 교사를 그만두고 여수와를 설립했다.

'관광'만 여행은 아니다

여수와가 여행업 등록을 마친 2020년 2월은 코로나19가 전국적으로 퍼지기 시작한 시기였다. 하지만 하 대표는 "오히려 여수와에게 기회였다"고 회상했다. 여수와가 풀고 싶은 문제는 '여수를 제대로 알리는 것'이었고, 그 목표를 달성할 길은 여러 가지였다. 반드시 유명 관광지가 아니어도 여수와가 여수의 이야기를 전파할 방법은 많았다. 애초에 여행업에 처음 도전하는 창업가였기 때문에 여행이라는 것에 경계를 두지 않고 다양한 실행을 해볼 수 있었다.

예컨대 여수와가 운영하는 '여수의 맛' 투어는 지역 시장을 함께 걸으며 상인에게서 직접 식자재에 관해 듣고 시식도 하는 체험형 프로그램이다. 지역문화를 깊게 다루는 여행 콘텐츠라 인파가 몰리는 관광지에 가지 않고도 여수의 일상과 맥락을 생생하게 체험할 수 있다. 더욱이 팬데믹으로 인해 국내 여행지를 찾는 인구는 오히려 늘었다. 코로나19의 영향을 덜 받는다는 이점 덕에 국내 여행 붐이 일었던 것에 기존 관광 상품들과의 차별화까지 더해지면서 창업 첫해에 이미 5,000여 명이 여수와의 문을 두드렸다.

전문점과의 협업을 통해 개발한 맥주, 커피 등의 기획상품도 여수를 알리는 역할을 톡톡히 했다. 팬데믹 시기에 '찾아오는 여행이 아니라 집에서 받아보는 여행을 만들어보자'는 아이디어가 실행으로 이어진 결과였다. 이런 아이디어는 우연한 기회에 생겨났다. 전통시장 투어 중 아귀포를 시식한 참가자들이 "저녁에 숙소 가서 맥주랑 먹자"며 구매하는 모습을 본 것이다.

하 대표는 이 점을 놓치지 않고 광주의 '무등산 브루어리'와 협업해 라거를 개발했다. 여기서 그치지 않고 여수의 스페셜티 카페인 '가치커피'와 협업해 드립백 커피도 만들었다. 드립백 포장에는 아직 잘 알려지지 않은 여수의 풍광 5곳을 선정해 이미지로 새겼다.

여수와는 이처럼 다채로운 여행 콘텐츠와 상품을 통해 지역민과 로컬 브랜드의 이상적인 협업을 보여주고 있다. 이러한 경험들이 가능했던 이유를 하 대표는 2가지로 꼽는다. 첫째, 수많은 실행. 둘째, 먼저 도움을 구하는 자세.

성공적인 협업 사례의 이면에는 무수히 많은 실패가 따르기도 한다. 하 대표는 그럼에도 늘 어떤 분야든 먼저 배우고 실행해 본 사람을 찾아가 배우고자 하는 자세로 대화에 임한다고 한다.

"각 분야에서 좋은 선생님을 잘 찾는 거죠."

하 대표의 이 짧은 한마디에 여수와가 지속해서 창의적인 솔루션을 내놓는 비결이 담겨 있다.

로컬 관광으로 세계 시장의 문을 두드리다

여수와는 여행을 통해 지역 경제를 활성화하는 선순환 고리를 만드는 데에도 공을 들였다. 지역 시장 체험 프로그램은 참가자들에게는 흥미로운 관광 상품이지만, 이들이 시장에서 지역 상품을 구매하면 지역 주민들에게도 이익이 돌아간다. 2019년부터는 마을 가이드 육성 프로그램을 운영해 매년 20명의 로컬 가이드를 배출하고 있다. 2020년에는 빈집을 개조해 '스테이무아'라는 숙소를 만들었는데, 지역의 경력 단절 여성, 마을 어르신, 결혼 이민 여성 등이 돌아가며 관리해 지역의 고용 문제 해결에도 도움이 되고 있다.

이 모든 것은 지역에 대한 사랑과 이를 기반으로 하는 지속가능한 로컬 여행에 대한 고민 덕에 가능했다. 그리고 이러한 노력이 이제 글로벌로 향하고 있다. 여수와는 2024년부터 싱가포르 여행객을 여수로 초대해 다양한 체험형 콘텐츠를 제공하고 있다. 2025년부터는 그 범위를 말레이시아까지 확장해 외국인 관광객이 여수에 푹 빠질 수 있는 여행 경험을 설계하고 있다.

여수와 전라남도를 더 잘 알리고 싶은 여수와의 도전은 이제 시작이다. 창업 6년이 지난 시점에도 하 대표는 "방문객들이 여수와 전남을 깊숙이 들여다보고 감동받을 수 있는 포인트를 좀 더 찾아내고 싶다"고 말한다. 그만큼 로컬에 진심이고, 로컬의 문제를 색다르게 해결하고 싶다는 의지가 강하다. 학생들에게 '지역에서도 본인이 좋아하는 일을 하며 개인적으로나 경제적으로나 성취감을 얻을 수 있다'는 선례를 남기고 싶었던 한 교사의 실행력은 로컬을 찾는 여행객은 물론 지역에도 긍정적인 변화를 일으키며 오늘도 더 나은 미래를 만들고 있다.

어떻게 문제 해결 능력을 키울 수 있을까?

누군가에게 도움을 주고 문제를 해결해주고 싶다는 마음이 들 때가 많다. 예를 들어, 지하철역 앞에서 돗자리를 깔고 채소를 파는 어르신들을 볼 때도 그런 마음이 들 수 있고, 이는 창업가의 출발점이 될 수도 있다. 그러나 그 마음만으로는 지속가능한 변화를 만들어내기 어렵다. 언더독스의 조상래 부문대표는 이러한 상황을 자주 마주한다. 도움을 주고 싶다는 막연한 열망을 가진 사람은 많지만, 대부분은 그 열망을 구체적이고 실행 가능한 아이디어로 발전시키지 못한다.

그래서 언더독스는 창업가들에게 '관점 찾는 법'을 가르치기 시작했다. 단순히 어르신들을 돕고 싶다는 마음에서 출발한 창업가들에게 코치는 다양한 가능성을 제시한다.

"어르신이 채소를 더 잘 팔 수 있도록 돕는 방법은 무엇일까요?"
"그분들의 작업 환경을 바꾸는 방법은 어떤 것일까요?"
"또 다른 일자리를 제공할 수는 없을까요?"

이러한 질문들은 창업가가 문제의 본질을 바라보고, 자신이 진정으로 해결하고 싶은 부분을 구체화하도록 돕는다.

언더독스의 코치는 단순히 질문을 던지는 데 그치지 않고, 창업가들이 직접 현장에 나가 상황을 관찰하게 한다. 이를 통해 창업가는 자신의 감정을 더욱 명확히 하고 문제 해결의 동기를 구체적으로 이해하게 된다. 채소를 팔지 못한 어르신들이 저녁까지 길가에 머무는 모습에 마음 아팠다면, 창업가는 어르신들이 빨리 채소를 다 팔고 집에 돌아갈 수 있도록 돕고 싶다는 자신의 욕구를 깨닫는다. 이것이 바로 창업가가 자신의 '진짜 하고 싶은 일'을 발견하는 것으로, 아이디어를 실행 가능한 계획으로 발전시키는 첫걸음이다.

여기서 끝이 아니다. 언더독스는 창업의 차별화를 위해 창업가들에게 '우리만의 킥(Kick)'을 찾으라고 강조한다. 여기서 '킥'은 단순히 사업 아이디어가 아니라, 남들과 다른 독창적인 포인트를 의미한다. 예를 들어, 전시 팝업스토어를 기획하는 과정에서 목재 소재가 사업의 목적과 어울리지 않는다고 판단되면 기존 지시사항을 뛰어넘는 역제안을 할 수도 있다. 이처럼 창업의 깊이를 더해가는 과정에서 남들이 보지 못한 차별화된 컨셉이 나오게 된다.

'킥'을 찾는 과정은 단지 최신 트렌드를 따라가는 것으로 끝나지 않는다. 창업가는 트렌드의 표면을 넘어, 왜 특정 고객층이 특정 트렌드를 좋아하는지를 고민해야 한다. 그리고 그 고민을 바탕으로 구체적이고 독창적인 솔루션을 설계한다. 이러한 과정은 단순한 아이디어에서 끝나는 것이 아니라 창업가가 얼마나 문제를 깊이 이해하고 애착을 가졌는지를 보여주는 증거가 된다. 여수와가 유명 관광지에 국한하지 않고 로컬 여행 콘텐츠를 개발하는 한편 '집에서 받아보는 여행'의 일환으로 '여수다운' 굿즈를 기획한 것이 좋은 예다.

결국, 창업이란 처음의 단순한 열망을 구체적이고 실행 가능한 계획으로 발전시키는 과정이다. 언더독스는 창업가들이 문제를 깊이 탐구하고, 실행을 통해 배워가며, 남들과 차별화된 해결책을 찾을 수 있도록 돕는다. 이러한 과정은 단순한 문제 해결을 넘어 지속가능한 변화를 만드는 창업가로 성장하는 밑거름이 된다. '하던 대로'에서 벗어나 끊임없이 새로운 아이디어를 시도하여 좋은 결과로 증명하는 사람이 바로 액트프러너다.

액트프러너의 문제 해결 능력
- 문제에 대한 이해/통찰력: 문제를 정확히 파악하고 효과적인 대응 방안을 찾아내는 힘
- 창의성(혁신성): 기존 관행에 머무르지 않고 새로운 아이디어를 실험하고 촉진하는 힘
- 성과지향성: 성과에 대한 높은 기준을 세워두고 여기에 맞는 좋은 결과를 이끌어내는 힘

걷기 리워드앱 빅워크가 돈을 버는 방법

직원에서 대표까지 다 해봐서 아는 '리더십'

창업하고 싶었던 20대 청년이 창업팀에 합류한다. 시간이 흘러, 그 회사의 대표가 된다.

마치 드라마 같은 이야기의 주인공은 바로 빅워크의 3번째 멤버이자 현재 대표를 맡고 있는 장태원 CEO다. 팀을 사랑해서 대표직을 맡은 장 대표는 이후 사랑하는 팀을 해체하더라도 회사의 사업 모델을 재구성하고 리브랜딩을 단행하는, 뼈를 깎는 각오를 하기도 했다. 어려운 결정이었지만, 누군가 반드시 해야만 했던 결단을 늦추지 않는 리더십이었다.

'맨땅에 헤딩'으로 저 높은 곳까지

장 대표가 창업에 관심을 가진 것은 고등학생 때였다. '더 이상 가난하게 살고 싶지 않다'는 열망으로, 그는 아르바이트를 해서 오토바이를 샀다. 그리고 이 오토바이를 친구들에게 대여해주는, 자기만의 작은 사업을 시도했다. 사람들이 오토바이를 잘 타지 않는 겨울에 싸게 사서 여름에 비싸게 파는 식으로 자본금을 늘렸다. 나중에는 친구들에게 오토바이를 대여하기 위한 일종의 '신용대출'을 해주는 시도까지 했다. 일찍 사업의 사이클을 경험한 셈이다.

대학교에 들어간 후에도 창업의 꿈을 버리지 않은 장 대표는 '창업을 리스크 없이 시작할 방법'을 고민했다. 선배 창업자들을 찾아가 그들 밑에서 배워야겠다고 판단한 그는 한 장짜리 사업

계획서를 만들어 무작정 회사 대표들에게 연락했다. 매일 전화하거나 DM을 보내면서 300여 명의 대표에게 연락을 이어가던 중, 학교 행사를 계기로 빅워크의 3번째 멤버로 합류할 수 있었다.

빅워크는 사람들의 걸음 수에 따라 기부 활동에 참여하는 IT 프로덕트를 개발해 운영하고 있었다. IT 프로덕트에 대해 알지 못했던 장 대표는 아침부터 자정까지 일하고도 새벽에는 프로덕트 관련 강의를 들었다. 매일 공부하면서 다음 날 실전에 부딪치는 열정을 보였다. 액트프러너십에서 강조하는 실행을 통한 배움이었다. 경험과 지식, 스킬이 부족하다는 생각이 들었기 때문이다.

이런 마인드와 태도는 회사 사람들에게 신임을 주기에 충분했다.

"개발팀 팀장을 해보는 게 어때요?"

어느 날, 이런 제안을 받게 된 장 대표는 흔쾌히 받아들였다. 서비스 기획 및 개발에 대한 지식과 경험이 없었던 그는 이번에도 물러서지 않고 공부하고 부딪쳤다. 1년 반쯤 지났을 때, 그는 개발자 정도는 아니어도 앱 개발 기획과 전반적인 프로젝트 매니징이 가능한 수준으로 역량이 껑충 뛰었다. 덕분에 회사에서 앱을 성공적으로 론칭하는 PM으로 거듭났다. 지식과 경험이 전무했던 분야에서 '맨땅에 헤딩'하는 정신만으로 인정받는 인재가 된 것이다.

대표의 눈에만 보이는 것들

2019년, 빅워크는 뉴블랙에 인수합병이 됐다. 누가 대표를 맡아야 하는가에 대해 여러 의견이 있었지만, 결국 외부 인사보다는 기존 팀원 중에서 리더십을 세우자는 쪽으로 의견이 모였다.

"대표를 맡아보는 게 어때요?"

개발팀 팀장직을 제안받은 지 불과 1년 만에 이번에는 대표직을 제안받은 장 대표는 크게 고민하지 않고 수락했다. 회사와 제품, 팀에 대한 애정 때문이었다. 하지만 대표의 길은 그동안 헤쳐왔던 어떤 길보다도 험난했다. 대표가 되자 그동안 보지 못했던 것이 보였다. 회사의 수익 구조를 개선해야 한다는 것, 브랜드 확장성을 위해 리브랜딩이 필요하다는 것, 회사를 전면적으로 바꿔야 한다는 것 등을 깨달았다.

우선 사업 모델과 브랜드 아이덴티티를 바꾸면서 빅워크는 남을 돕는다는 데 방점을 뒀던 기존의 슬로건도 "나를 위한 활동이 세상의 선한 영향력으로"로 바꾸었다. 오직 '세상을 위한 사업'이 아니라 '회사를 위한 사업', '임직원을 위한 비즈니스의 결과로 세상에 긍정적인 영향을 주는 것'이 새로운 방향성이었다. 사회적 기업도 지속가능한 이유을 추구해야 한다고 봤기 때문이다. 이는 근본적으로 회사의 체질까지 바꾸는 결정이었다.

슬로건을 변경하면서 장 대표는 이를 회사 내에도 공표했다.

"이건 선택사항이 아니다"라고 단호하게 강조했다. 리브랜딩을 위해 기존에 잘나가던 사업도 모두 종료했다. 회사에 큰 변화가 찾아오자 팀을 떠나는 사람도 생겼고, 남는 사람도 있었다. 팀을 사랑해 대표가 된 그에게는 팀을 재구성하는 결정이 쉽지 않았다. 하지만 그는 '꼭 필요한 결정'이었고, 제때 결정했기에 회사를 더 단단하게 키울 수 있었다고 생각한다.

이후 리브랜딩을 거쳐 비즈니스와 서비스 구조를 개선한 장 대표는 고객을 확보하기 위해 고군분투했다. 1년에 600여 건의 미팅을 진행할 정도로 실행에 실행을 거듭했다. 대기업 사회공헌팀이나 총무팀에 "미친 듯이 연락해서 만나달라고 사정"했다. 그중 단 한 곳을 설득하는 데 그쳤지만, 그 회사와의 협업을 성공적으로 이끈 결과, 현재는 해마다 100여 개 대기업과 협업하며 안정적으로 매출을 올리고 있다.

누군가는 결단을 내려야 한다

"최고의 선택은 하지 못하더라도 최선의 선택은 할 수 있다."

액트프러너십에 대한 장 대표의 이 말에는 리더로서 결정을 내려야 하는 순간에 여러 가지를 고려하되 빠르게 결정하고 실행해야 한다는 메시지가 담겨있다. 팀원에서 시작해 몇 년 만에 대표가 되는 경험을 통해 몸소 배운 교훈이기도 하다. 그는 제때 최선의 결정을 내리고, 이후 실행을 통해 이를 최고의 결정으로 만드는 게 리더십 차원에서는 장기적으로 더 중요하다고도 덧붙였다.

그의 이야기를 통해 액트프러너가 어떤 리더십을 가지고 어떻게 의사결정을 내려야 하는지 알 수 있다. 리더로서 장기적인 관점으로 조직에 필요한 결정을 시의적절하게 내리고, 자신의 실행에 대해 명확하게 전하고, 그에 대한 책임을 다하며, 어려운 의사결정과 쉽지 않은 과정을 거치면서도 비관적인 태도보다는 긍정적으로 대처하는 힘은 액트프러너가 반드시 갖춰야 할 역량이다.

어떻게 리더십을 키울 수 있을까?

많은 사람이 리더십을 '잘하는 것'과 연관 짓는다. 특히 창업 세계에서는 계획을 잘 세우고 이를 멋지게 포장하는 능력이 리더십이라고 여기기도 한다. 하지만 실제 리더십은 오히려 '잘 깨지는 힘'에서 나온다. 이는 액트프러너가 실행을 이어가는 과정에도 적용된다.

간혹 사업계획서를 쓸 때 최대한 예쁘고 완벽하게 보이도록 포장하는 데 집중하는 창업가가 있다. 외부의 시선을 의식한 것이다. 그러나 외형적인 완성도를 높이는 데 집중할수록 오히려 아이디어와 사업에 대해서는 방어적이 되기 쉽다. 다른 사람의 피드백을 받아들이기보다는 자신의 계획을 고수하려는 태도를 보이는 것이다. 이런 태도는 문제를 객관적으로 바라보는 기회를 가로막고, 실행과 발전의 속도를 늦춘다.

반면, 실행을 통해 현장에서 직접 부딪혀 본 창업가들은 다르다. 현실의 벽과 맞닥뜨리고 본인 사업의 강점과 약점을 명확히 깨닫는 순간을 경험한다. 고객의 반응, 시장의 피드백, 예기치 못한 난관들을 통해 창업자들은 자신의 사업을 객관적으로 바라보게 된다. 계획 단계에서 보지 못했던 문제들을 깨닫고, 이를 바탕으로 새로운 방향을 모색한다. 실행의 힘이다.

이 과정에서 중요한 것은 '누가 더 잘했는가'가 아니라 '누가 더 잘 깨졌는가'다. 계획이 무너지는 경험은 창업가에게 고통스러울 수밖에 없다. 그러나 이 고통은 성장의 중요한 과정이다. 깨지는 경험 속에서 창업가는 더 나은 해결책을 찾을 수 있는 유연함과 창의성을 발휘하게 된다. 이것이 바로 실행하는 창업가, 액트프러너의 핵심 역량이다.

액트프러너십은 완벽함을 추구하는 것이 아니라 불완전함을 인정하고 실행을 통해 배우는 태도를 의미한다. 실행 과정에서 예상치 못한 문제와 실패를 경험하며, 이를 통해 자신이 가고자 하는 길을 만들어가는 것이다. 잘 깨지는 창업가는 실패를 두려워하지 않는다. 오히려 그 실패를 자신이 가고자 하는 방향을 점검하고 수정하는 기회로 삼는다. 빅워크의 장 대표가 회사의 한계를 인정하고 이를 근본적으로 개선하기 위해 행동했던 것이 그 예다.

마찬가지로 문제를 완벽히 해결하려는 사람이 탁월한 리더가 되는 게 아니다. 오히려 문제를 직면하고, 그 과정에서 깨지더라도 배우는 리더가 진정으로 팀과 조직을 성장시킬 수 있다. 자신의 아이디어가 틀릴 수도 있음을 인정하고, 이를 바탕으로 새로운 길을 찾는 유연성과 객관성이 리더십의 핵심이다. 그 과정에서 조직의 신뢰를 중시하면서도 어려운 결정을 미루지 않는 것, 모두가 힘든 상황에서도 낙관주의를 유지할 수 있는 것이 액트프러너의 리더십이다.

결국, 액트프러너십의 본질은 '잘 깨지는' 데 있다. 제아무리 완벽하다고 믿었던 계획도 현실에서는 무너지게 되지만, 실천을 통해 배우는 창업가는 더 단단한 기반을 다진다. 단순히 실행하는 데 그치지 않고, 실패와 깨짐을 통해 배울 줄 아는 리더십을 축적해간다. 진정한 액트프러너는 자신의 한계를 넘어 끊임없이 성장하고 도전한다. 실행을 통해 얻은 교훈이 조직 전체를 살리고 더 나은 방향으로 이끈다는 사실을 기억하자.

액트프러너의 리더십
- 결단력: 조직을 위해 어렵지만 필요한 결정을 스스로 그리고 빠르게 내리는 힘
- 책임감: 신뢰성과 정직성을 바탕으로 자신의 행동과 팀의 활동에 책임지는 힘
- 회복탄력성: 역경과 어려움 속에서도 긍정적인 태도로 상황에 적응해 나가면서 주위에 긍정적 영향을 미치는 힘

종이 가구로
세계를 사로잡은
페이퍼팝

보이지 않는 시장을 개척하는 **'협업 스킬'**

우리나라 기업이 '종이 가구'로 한국을 넘어 일본, 프랑스 등 글로벌 시장의 문을 두드리고 있다면 놀랍지 않을까? 실제로 언더독스의 창업 교육을 수료한 회사인 페이퍼팝은 '종이 가구 외길'을 걸으며 국내뿐만 아니라 해외 시장에도 종이 가구를 판매하고 있다. 종이 침대, 종이 책장, 종이 선반, 종이로 만든 고양이 화장실 등 판매하는 종이 가구의 종류도 다양하다. 모두 95% 이상 재활용이 가능한 종이 재질을 개발해 만든 제품들이다.

그렇다면 페이퍼팝은 어떻게 이름도 생소한 종이 가구로 글로벌 시장까지 진출한 것일까? 답은 협업에 있다.

관심을 가지면 보인다

페이퍼팝 박대희 대표는 종이 상자 생산 업체에서 아르바이트를 하다가 이를 업으로 발전시켰다. 4년가량 박스 패키징 회사에서 일하다 보니 알게 된 사실이 있다. 한 번 쓰고 버리는 종이가 너무 많다는 것이다. 그의 눈에 종이는 '한 번 쓰고 버리긴 너무 아까운 소재'였다. 종이는 재활용이 가능한 데다가 의외로 내구성이 튼튼하기 때문이다. 하지만 '종이'라는 사실만으로 한 번 쓰고 쉽게 버리는 소재로 여겨졌다.

그 무렵, 박 대표는 뉴스를 통해 2011년 동일본 대지진 당시 대피소에서 종이 침대를 썼다는 소식을 접했다. 도쿄 올림픽에 쓰여 화제가 됐던 종이 침대는 그보다도 전부터 사용되었던 것이다.

　해외 전시회에 참석했을 때도 종이로 만든 가구, 종이로 만든 전시 구조물을 발견했다. 한국에서는 보기 드문 시도였다. 종이로 상자가 아닌 다른 제품도 만들 수 있다는 걸 알게 되자 박 대표는 버려지는 종이를 재활용하여 종이 책장 같은 제품을 만들어보기로 했다.

　우선, 개인사업자로서 종이 제품을 개발하고 판매하기 시작했다. '사업 기회'가 있다는 판단하에 일단 실행한 것이다. 하지만 여러 해 종이 제품을 만들어 팔면서 소위 '현타'가 왔다. 종이 제품을 판다는 그럴싸한 명분을 내세워 포스트잇, 문구류, 박스 등등 그야말로 온갖 종이 제품을 외주로 제작해 팔았기 때문이다. 프리랜서로서 돈 되는 일이면 일단 다 하고 보는 생활을 3~4년 하고 나니 진지한 고민에 빠졌다.

　"이게 맞는 걸까? 내가 원하던 게 맞나?"

　실행의 방향에 대한 고민이었다.

　2018년, 박 대표는 언더독스가 운영한 KT&G 상상스타트업 캠프에 지원했고, 이때를 기점으로 페이퍼팝의 '문제 정의'가 뾰족해지기 시작했다. 이런저런 종이 제품을 만드는 것이 아니라 재활용에 특화한 종이 가구를 만들어 가구 재활용 문제도 해결한다는 방향성이 잡혔다. '종이를 접어 만드는 즐거운 공간'이라는 기존 슬로건에 '친환경'이라는 가치가 더해졌다. 2018년, 개인 사업자에서 벗어나 법인을 차리고 사업을 넓히기 시작했다. 언더독스의 코치, 즉 외부인의 피드백을 적극 반영한 결과였다.

박 대표는 당시를 떠올리며 이렇게 말했다.

"코칭을 받다 보니 페이퍼팝이 하지 말아야 할 일들도 보이더라고요. 예를 들어 페스티벌, 전시 등에서 한 번 쓰고 버려지는, 매립이나 소각 처리를 해야 하는 종이 소재는 지양하게 됐어요. 우리 제품에 'Why(왜)'를 더하는 친환경적인 가치, 그런 가치를 지닌 제품이 무엇일까 고민하게 됐습니다."

그저 종이 제품을 만드는 게 아니라 종이 제품을 만드는 구체적인 이유가 생기면서 '1인 가구'라는 핵심 고객도 정해졌다. 1인 가구 입장에서는 이사 다닐 때마다 가구를 구매하거나 옮기는 데 불편함을 겪는다. 종이 가구는 간편하게 직접 조립할 수 있고, 단기간 사용 후에는 재활용할 수 있다. 더욱이 종이 가구는 기성 가구보다 저렴하고 폐기 비용도 훨씬 줄어든다. 가구 때문에 겪는 1인 가구의 문제를 종이 가구가 해결할 수 있는 것이다.

시장과 고객은 최고의 파트너다

사실 종이 가구 자체가 완전히 새로운 시장은 아니다. 이미 종이 가구를 만드는 업체들이 있었고 제품도 다양했다. 다만 기존 종이 가구에는 아쉬운 점이 있었다. 보통은 풀로 붙이거나 종이접기 방식으로 만들어졌는데, 이에 따라 대량 생산과 제품 제작이 쉽지 않았다. 큰 가구를 만드는 데는 제약이 있었다. 또한, 일부가 망가지면 제품 전체를 버려야 했다. 이런 점들을 고려하면 도리어 제품 가격이 올라서 경쟁력이 떨어질 우려가 있었다.

페이퍼팝은 이런 점을 고민한 끝에 '연결부재' 방식에 착안한 제품을 개발했다. 종이 가구에 쓸 수 있는 나사, 못을 직접 개발했다. 자체 생산 인프라를 만들고 자동화 시스템에 꾸준히 투자한 결과, 대량 생산이 가능해졌다.

또한, 골판지 회사와 협업해 물에 강하고 오래 쓸 수 있으며 최대 95% 이상 재활용이 가능해 친환경 가치에 부합하는 재질의 종이를 개발했다. 이때, 창업자 본인이 종이 소재에 대해 잘 알면서도 '친환경'이라는 관점을 살리고자 색다른 접근법을 택했다. 자체 생산 역량을 올리기 위해 실험과 투자를 게을리하지 않으면서도 새로운 파트너를 찾아 협업하여 문제를 해결했다. 덕분에 기존 제품과의 차별화, 생산 효율성, 페이퍼팝다운 가치 제안을 모두 잡을 수 있었고, 종이 가구라는 생소한 시장에서 30만 개 이상의 제품을 판매하는 성과를 올렸다.

그 바탕에는 고객 중심 관점이 깔려있었다. 아이들을 위한 종이 가구, 고양이 용품, 페스티벌용 종이 의자 등은 모두 고객의 반응과 피드백, 아이디어에서 비롯된 제품들이었다. 종이 가구

덕분에 아이들이 크게 다치지 않았다는 소비자 리뷰를 반영해 아기용품 거치대를 종이로 제작했고, 페스티벌에 참석할 때 장시간 바닥에 앉아있으면 허리가 아프다는 점에 착안해 휴대와 재활용이 간편한 종이 의자를 선보여 화제를 낳았다.

크라우드펀딩을 통해 페이퍼팝의 종이 가구는 점점 입소문을 타기 시작했다. 특히 사업 초기에는 크라우드펀딩이 브랜드의 팬덤을 모으는 역할을 톡톡히 했다. 처음에는 천만 원 내외로 이뤄지던 펀딩은 규모가 점점 커져 누적 35회 이상 진행했고, 약 3억 원 이상의 후원금이 모집됐다. 다채롭고 퀄리티 좋은 제품, 명확한 가치 제안, 꾸준한 마케팅 활동과 제품 고도화가 결합해 페이퍼팝은 종이 가구라는 '보이지 않는 시장'을 연 선두주자가 됐다.

"7년 차 사업가라도 모르면 물어봐야죠."

페이퍼팝은 어느덧 7년 차를 바라보는 기업이 됐다. 그사이 종이 가구만으로 연 매출 20억을 달성했다. 그러나 해결해야 할 문제가 있으면 박 대표는 지금도 주변에 조언을 구하길 마다하지 않는다. 업력 7년에 이르는 회사를 이끄는 대표가 사업 방향이나 해결책을 찾고 실행하기 위해 타인에게 계속 의견을 묻는 건 쉽지 않은 일이다. 그러나 박 대표는 여전히 인디독스 측에 고민을 나누고, 이후 실행을 거쳐 팔로업 소식까지 전해준다. 이는 본받을 만한 액트프러너의 태도다.

페이퍼팝은 국내는 물론 해외에서도 여전히 낯선 종이 가구 시장을 개척해가고 있다. 그 과정에서 혼자 골몰하지 않고 주변에 적극적으로 도움을 구하고, 적절한 이해관계자를 찾아 협업한다. 가까운 일본에는 바로 종이 제품을 수출하는 방안을 찾고, 미국이나 유럽처럼 거리가 먼 시장은 주변 국가의 로컬 종이 생산자를 찾아 네트워크를 형성하고 함께 일할 수 있는 방식을 모색한다. 여러 이해관계자와 소통하고 협업하면서 일이 '되게 하기 위해서'다.

이처럼 액트프러너는 문제를 해결하기 위해서는 혼자가 아니라 팀과 함께하고, 주변 네트워크를 통해 여러 이해관계자와 합심해서 일한다. 즉, '협업 스킬'이 필요한데, 액트프러너가 먼저 손을 내밀어 협업의 물꼬를 트는 게 중요하다. 이런 협업을 통해 액트프러너는 자신의 역량 이상의 문제도 풀어갈 수 있다.

어떻게 협업 스킬을 키울 수 있을까?

창업 과정에서 중요한 것은 아이디어 자체가 아니라 아이디어를 실행으로 옮기는 것이다. 하지만 많은 창업가가 두려움, 망설임 또는 완벽함에 대한 집착 때문에 실행을 미룬다. 한정된 자원으로 인해 효과적인 솔루션을 떠올리지 못하거나 이를 실천에 옮기지 못하는 경우도 있다.

'피어러닝(peer learning)'은 이런 상황에서 실행을 촉진하고 동기를 부여하는 강력한 방법이다. 방식은 매주 각 팀이 어떤 실행을 했는지 서로 공유하는 데서 출발한다. 창업가들은 자신들이 한 실행을 타 팀 앞에서 공유하고, 동시에 다른 팀들의 실행 결과를 들으며 배운다.

이러한 과정에는 2가지 중요한 효과가 있다. 우선, 실행을 많이 하지 못한 팀은 다른 팀들의 성과를 보며 자극을 받는다. "나만 뒤처지고 있는 건 아닐까?"라는 생각은 자연스럽게 행동으로 이어지고, 더 많은 실행을 해내려는 동기를 부여한다. 또한, 다른 팀들의 실행 사례를 보며 새로운 아이디어와 영감을 얻기도 한다. "우리도 한번 저 팀처럼 해봐야겠다"는 긍정적인 경쟁과 학습의 순환이 이루어진다.

단순히 결과보다는 실행 그 자체를 강조하는 것이 중요하다. 많은 경우, 매출이나 투자 유치와 같은 금전적 성과를 창업의 성공을 판단하는 주요 척도로 삼는다.

하지만 언더독스는 실행의 양과 질을 더욱 중시한다. 예를 들어, "이번 주에 몇 명의 고객을 직접 만나봤나요?", "얼마나 많은 시간을 사람들과 대화하며 문제를 이해하려 했나요?"와 같은 질문이 핵심 지표가 된다. 실행의 빈도가 늘고 깊이가 깊어질수록 더 많은 배움과 통찰을 얻는다.

또한, 피어러닝은 피봇(pivot)의 중요성도 강조한다. 피봇은 아이디어나 방향성이 틀렸음을 깨닫고 수정하는 것으로, 실패가 아니라 중요한 학습의 순간이다. "몇 번이나 피봇을 했는가?"라는 질문 또한 창업가가 실행을 통해 얼마나 많이 배우고 변화했는지를 보여주는 지표라 할 수 있다. 이러한 관점의 전환을 통해 창업가들은 실패를 두려워하지 않고 성장의 기회로 받아들이는 태도를 배우게 된다.

피어러닝은 단순히 지식 공유를 넘어 실행을 통한 배움을 촉진한다. 서로의 경험을 통해 자신을 돌아보고, 실행의 동력을 얻으며, 더 나은 방법을 찾아간다. 그런 의미에서 피어러닝이야말로 창업가에게는 가장 강력한 학습 방법의 하나다. 실행의 크고 작은 결과들이 쌓여 피봇을 거듭하고, 더 나은 사업 방향성을 찾아가는 일련의 과정은 창업가로서의 성장과 성공의 중요한 발판이 된다. 무엇보다 함께 배우고 실행하는 과정 속에서 창업가들은 스스로의 한계를 뛰어넘는 힘을 얻게 된다. 단지 지식을 쌓는 데 그치지 않고 문제를 해결하는, 실행을 통해 진짜 협업을 해봄으로써 경험적으로 액트프러너십을 체화할 수 있다.

액트프러너의 협업 스킬

- 팀워크 스킬: 내부 조직원들과 효과적으로 팀을 이루어 공동의 조직 목표를 달성하는 힘(심리적 지지, 상호조율 등)
- 네트워킹 스킬: 외부 파트너들과 협상하고 협력하여 조직에 필요한 자원과 기술을 효과적으로 획득하는 힘
- 커뮤니케이션 스킬: 이해관계자들과 정보, 의사 교환 및 상호작용을 통해 조직 성과 및 응집력을 높이는 힘

NASA에서도 찾은 친환경 어메니티, 서스테이너블랩

환경도 좋지만 손이 가야지 **'시장 중심 관점'**

아무리 색다르고 좋은 의도로 만든 제품이라도 시장과 고객을 이해하지 못하면 살아남을 수 없다. 경쟁자가 늘어났을 때 그 틈바구니를 뚫고 나아갈 추진력과 차별화 포인트 없이는 성장할 수 없다. 그래서 액트프러너는 시장 중심 관점으로 본질적인 질문을 던지고 시장을 계속 주시해야 한다. 스스로 한계를 느꼈다면 과감하게 방향을 전환할 줄도 알아야 한다. 친환경 어메니티(생활편의품) 제품을 개발하는 서스테이너블랩이 그 좋은 예시다.

문제의식, 시장 변화, 고객을 사로잡는 브랜드의 삼박자

서스테이너블랩 서선미 대표에게 서스테이너블랩은 3번째 창업이었다. 이전부터 공정여행 사회적기업이나 로컬 여행 플랫폼을 창업하는 등 지속가능성에 관심을 기울여왔다. 서 대표는 해외 출장을 자주 다녔는데, 그때마다 호텔에 비치된 어메니티가 모두 플라스틱이라는 점에 의문이 생겼다. 제로(zero) 플라스틱 욕실용품을 찾아봤지만, 마음에 차는 제품이 없었다. 문득 로컬 주민들의 직업 훈련 교육을 했을 때 친환경 비누를 기획했던 것이 떠올랐다. 그러면서 베란다에서 조금씩 제품을 만들어보기 시작했다. 이 경험이 브랜드의 시작점이 됐다.

2021년, 서 대표는 서스테이너블랩을 설립했고, 다양한 친환경 어메니티를 만드는 브랜드 '이든(Idden)'을 오픈했다. 대나무 칫솔, 고체치약, 올인원 고체비누와 케이스 등 플라스틱 프리, 팜오일 프리, 비건 제품 등을 선보였다. 고체비누의 주원료로 흔히 쓰이는 팜오일은 열대우림을 훼손하는 주원인으로도 지목된다. 그래서 서스테이너블랩은 팜오일이 아닌 맥주, 사과 주스, 와인 등에서 발생하는 부산물을 버리지 않고 업사이클링해 제품을 만들고 있다.

대나무 칫솔을 만들 때도 '한 끗 차이'를 만들어내는 데 집중했다. 시중에 유통되는 대나무 칫솔은 플라스틱 사용률을 평균 96%가량 줄이는 것으로 알려져 있지만, 여전히 칫솔모는 석유에서 유래한 나일론으로 만들어졌다. 플라스틱 사용을 제로(0)로 만들기 위해 서 대표는 열대지방에 있는 자생식물인 피마자를 가공해 만든 100% 바이오 제품을 개발했다. 칫솔모까지 생분해되는 칫솔을 만드는 데 국내 최초로 도전한 것이다. 심지어 칫솔모 교체도 가능해서 한 제품을 더 오래 쓸 수 있다는 장점도 있었다.

그러나 서 대표는 친환경 브랜드가 주는 가치가 소중하긴 해도 결국 제품이 예뻐야 소비자의 선택을 받는다는 사실을 잘 알고 있다.

"친환경은 저희가 열심히 할 테니까, 소비자들은 그냥 제품이 예뻐서 샀으면 좋겠어요."

그저 말뿐이 아니라, 서 대표는 "Less Plastic, More Trees(플라

스틱을 줄이고 나무를 늘린다)"는 브랜드 가치에 걸맞게 나무를 연상시키는 패키지와 제품 디자인을 일관성 있게 구현했다. 친환경을 중시한다는 메시지를 드러내면서도 손이 가는 제품을 선보이기 위함이었다.

실행과 협업은 없던 길도 만든다

처음에는 환경 문제를 해결하고자 사업을 시작했지만, 곧 한계에 부닥쳤다. 일단, 유사한 제품을 만드는 경쟁사가 갈수록 늘어났다. 어메니티 제품의 특성상 호텔이나 지방자치단체 등의 거래를 수주해야 했는데, 점점 경쟁이 심해졌다. 더욱이 제품의 마진율도 높지 않았다. 친환경 가치를 살리려면 제품 개발 및 생산에 드는 비용이 만만치 않았기 때문이다.

차별화를 고민하던 끝에 서스테이너블랩은 '대체 플라스틱 소재' 개발에 투자하는 승부수를 던졌고, 유기물 부산물을 자원으로 재활용하는 지금에 이르렀다.

"기술 기반 창업이 아니었는데 어떻게 길을 만들어 갈지 궁금했죠."

언더독스 유연성 코치의 말대로 소재를 개발하는 건 쉬운 길은 아니었다. 서스테이너블랩은 초창기부터 주변 자원을 연계하고, 전문가 네트워크를 통해 석극적으로 기술을 개발했다. ESG라는 시대 흐름을 파악하고 협업을 통해 사업을 확장했다는 점에서 액트프러너십이 잘 드러난다. 심지어 이들이 다른 액트프러너들과 협업해 개발한 기술은 건설사에서 솔루션 공급을 논의할 만큼 주목받게 됐다.

"생산 공장에 박카스 사들고 가서 '사장님 옆에서 성장하고 싶습니다!'라고 제 의지를 보여드리면서 플라스틱 대체 소재로 컵, 면도기, 구둣주걱 등을 만들었죠. 늘 '오늘은 어제보다 좀 더 알 것 같다'라는 생각으로 살고 있어요."

2023년 기사에 따르면 서스테이너블랩은 거창 경남농업기술원의 '사과이용연구소'와 함께 사과 부산물을 이용한 바이오플라스틱 개발을 추진했다. 맥주나 커피, 사과 등을 짜고 남는 부산물들로 플라스틱을 대체하는 소재를 개발해온 것이다. 사과이용연구소에서 사과 부산물 수거를 도우면 서스테이너블랩은 부산물로 제품을 개발하는 식으로 협업이 이뤄졌다. 그렇게 만든 친환경 제품은 다시 그 지역에서 쓰이고, 다시 수거돼 재활용된다. 이제 식품 부산물이 나오는 여러 제조 공장 및 지자체와 협업해 부산물을 공수하는 협업 구조가 마련됐다.

현재 서스테이너블랩은 '리트리(RE:Tree)'라는 핵심 기술로 버려지던 유기성 부산물을 단단한 제로 플라스틱 소재로 만들고 있다. 기존 플라스틱 대비 최대 86%가량 탄소 배출을 줄일 수 있고, 기존 생분해 플라스틱 소재보다도 재활용하기 수월한 것으로 알려져 있다. 덕분에 현대자동차, 롯데 등 국내 유수 기업과 유럽의 호텔 및 항공 그룹 등 글로벌 기업은 물론이고 심지어 나사(NASA)의 주목을 받고 있다. 호텔 어메니티뿐만 아니라 플라스틱 사용이 많은 화장품 용기, 욕실 및 주방 소비재 분야에서도 서스테이너블랩의 기술이 반향을 일으킬 것으로 기대되는 이유다.

'좋은 의도'도 고객의 선택이 있어야 실현된다

브랜드 이든은 '이든 포레스트'라는 프로젝트를 진행한다. 제품이 한 개 판매될 때마다 인도네시아 열대우림 지역 세코니얼 마을에 나무를 한 그루를 심는 프로젝트다. 결과적으로 이를 통해 한 해 약 1만 그루의 나무를 심고 있다고 한다. 열대나무는 그 지역 사람들이 먹고사는 데 직결되는 중요한 자원이다. 따라서 나무 심기가 곧 지역 여성, 청년들의 일자리 창출로도 이어진다. 비록 프로젝트는 천천히 진행되고 있지만, 가치의 선순환을 만들고자 하는 실행의 방향성만은 분명해졌다.

분명 '좋은 마음'만으로는 변화무쌍한 시장에서 앞으로 나아가기는커녕 살아남기도 쉽지 않다. 그래서 서스테이너블랩은 기술 역량을 끌어올려 완전히 차별화하기로 결단을 내렸다. 이를 실행에 옮기기 위해 외부 파트너를 찾고, 제품 개발을 거듭했다. 친환경이라는 가치, 고객의 눈을 사로잡는 예쁜 제품에서 더 나아가 경쟁사가 흉내 내기도 어려운 기술로 근본적인 경쟁 우위를 만든 것이다. 실행의 역동성이 필요함을 알 수 있는 대목이다.

액트프러너는 '시장과 고객이 끊임없이 변화한다'는 진실 앞에 겸손하다. 항상 시장의 변화를 배우고, 고객을 이해하고자 노력한다. 경쟁이 과열되면 어떻게 대처할지 돌파구를 모색할 줄 안다. 시장에 대응하는 것을 넘어 경쟁자보다 앞서가는 과감한 실행을 보여준다. 친환경 어메니티 브랜드로 시작해 ESG와 기술 개발, 브랜딩으로 차별화에 성공한 서스테이너블랩의 사례에서 액트프러너의 민첩함이 얼마나 중요한지 알 수 있다.

어떻게 시장 중심 관점을 키울 수 있을까?

언더독스는 오프라인 매장을 창업하려는 예비 소상공인들을 대상으로 한 교육 첫 주에 "상권을 방문하라"는 과제를 내주었다. 창업을 고려하고 있는 상권에 직접 가서, 동일한 아이템으로 운영 중인 다른 매장을 관찰하고 기록하라는 것이었다. 손님은 주로 어떤 사람들이고, 몇 시부터 몇 시까지 몇 명이나 오는지, 매장의 분위기와 운영 방식은 어떤지 등을 세세히 기록하는 것이 과제의 핵심이었다.

단순해 보이는 이 과제가 교육 참가자들에게 중요한 전환점을 제공했다. 참가자들은 책상 앞에서 아이템과 컨셉을 고민할 때는 생각하지 못했던 것들을 현장에서 깨달았다. 손님으로서 매장을 방문하고 관찰하는 과정에서, 그동안 막연하게 상상했던 창업 아이디어와 현실의 간극을 몸소 느낀 것이다. 시장이 생각과는 얼마나 다른지를 알게 됐고, 고객을 실제로 만나지 않으면, 즉 실행 없이는 업을 만들어낼 수 없다는 것을 피부로 느꼈다.

예를 들어, 참가자들은 특정 시간대에 손님이 몰리는 패턴을 발견하기도 했고, 예상했던 고객층과 실제 고객층이 다를 수도 있음을 알게 됐다. 다른 매장의 운영 방식에 고객들이 만족하는지, 무엇이 부족해 보이는지 등을 직접 경험하며, 역으로 차별화된 아이디어를 구체화할 수 있었다.

이 과제는 단순히 데이터 수집이 아니라 창업 아이템에 대한 시각을 현실적으로 다듬고 확장시키기 위함이다. 말 그대로 '시장을 마주하는' 실행에 해당한다.

싸라기(도정 과정에서 부스러진 쌀)를 활용한 친환경 클렌징 바를 만들려는 대학교 동아리 팀이 언더독스 창업 교육에 참가한 적이 있었다. 아이템의 차별점을 찾기 어렵다고 판단한 코치는 "비슷한 제품을 파는 브랜드 중 가장 인기가 많은 곳이 어딘지" 물었다. 또한, 그 업체 판매 사이트에 가서 고객 후기를 꼼꼼히 조사하는 한편 경쟁사 제품 상세페이지를 파악해보라는 과제를 주었다.

팀은 이틀 만에 경쟁사 웹사이트 고객 후기를 모두 조사하고 내용을 분류하는 실행력을 보였다. 이후 지속해서 시장 조사와 코칭을 진행하면서 고객의 '클렌징'이라는 행동을 세분화해 아침과 저녁에 각각 다른 피부 상태에 특화한 클렌징 바가 필요하다는 아이디어를 떠올렸다. 또한, 교육 프로그램 마무리 단계에서 크라우드펀딩도 성공적으로 완수하여 핵심 가치, 제품을 구체화하는 실행력과 시장 중심 관점의 중요성까지 여실히 드러냈다.

창업가가 더 나은 결정을 내리려면 현장을 경험하며 배우는 과정이 필수다. 단순히 머릿속으로만 구상하는 아이디어는 현실과 충돌했을 때 쉽게 무너질 수 있다. 반면 실행을 통해 얻는 경험은 아이디어를 더욱 견고하고 구체적으로 만들어준다. 상권을 방문하고, 고객을 관찰하며, 잠재적인 경쟁사가 어떻게 시장에 대응하는지 현실과 아이디어를 대조하는 과정은 창업가에게 무엇을 해야 하는지만이 아니라 무엇을 하지 말아야 할지도 알려준다.

이처럼 창업 코칭에서 중요한 것은 실행을 통해 '시장을 보고 주저 없이 실행하는 법'을 알려주는 것이다. 현장에서 얻은 인사이트는 단순히 창업 아이디어를 검증하는 것을 넘어 창업가 스스로의 사고방식을 바꾸는 계기가 되어준다. 완벽해

보였던 아이디어가 현실에서는 왜 작동하지 않기도 하는지, 현실 속에서 어떤 가능성을 발견할 수 있는지 배우게 된다. 고객과 시장, 경쟁자를 이해하는 한편 차별화를 고민하는 원동력이 되어준다.

액트프러너의 시장 중심 관점
- 고객/시장에 대한 이해: 고객 및 경쟁자에 대한 정보를 획득하여 현재 시장 상황을 정확하게 이해하는 힘
- 시장 대응력: 고객 및 경쟁자에 대한 이해를 바탕으로 현재 시장 수요 및 경쟁에 적절히 대응하는 힘
- 미래 지향성(과감성): 미래 수요를 예측하고 경쟁자보다 앞서 과감하게 치고 나가는 힘(신제품 개발, 론칭 등)

액트프러너가 되기 위한 실행 3
— 이해관계자 교류 계획 수립표 작성

어디에서 어떤 일을 하건, 혼자서 이룰 수 있는 것에는 한계가 명확하다. 나를 알고 고객과 내 사업을 알아야 성공할 수 있다. 다시 말해, 나 자신은 물론이고 '이해관계자'를 잘 알아야 한다. 고객과 파트너뿐만 아니라 주주, 정부, 임직원, 지역사회, 언론 등 사업 결과에 영향을 미칠 수 있다면 모두 이해관계자에 포함된다. 이런 이해관계자를 파악하고 우선순위를 매겨 잘 교류하는 것이 중요하다.

다음과 같은 표로 관리한다면 중요한 이해관계자를 빼먹는 일 없이 관리할 수 있을 것이다.

이해관계자 교류 계획 수립표 예시				
우선순위	이해관계자	핵심 이슈	교류 유형	소통 채널
1	고객사 A	우리 솔루션에 돈을 지불하고 그 대가로 OOO을 얻기를 원한다.	참여	대면
2	파트너사 B	우리 솔루션에 자사 제품을 제공해 새로운 고객층을 확보하기를 원한다.	협력	이메일
3				
4				
5				
6				
7				
8				
9				
10				
11				
⋮				

언더독스 이해관계자 교류 계획 수립표 예시

이해관계자 교류 계획 수립표				
우선순위	이해관계자	핵심 이슈	교류 유형	소통 채널
1				
2				
3				
4				
5				
6				
7				
8				
9				
10				
11				
12				
13				
14				
15				

언더독스 이해관계자 교류 계획 수립표 양식

4장

언더독스가 그리는 액트프러너십의 미래

언더독스의 지난 10년은 창업 교육을 통해 액트프러너십을 널리 알리고 더 많은 창업가를 액트프러너로 만들기 위한 시간이었다. 그 결과, 2만여 명의 액트프러너가 새로운 도전에 나섰고, 큰 성취를 얻은 창업가도 있다.

그렇다면 액트프러너십 앞에는 어떤 미래가 기다리고 있을까? 언더독스는 이에 대한 나름의 답을 찾았다. 그 청사진을 현실화하기 위해, 언더독스는 새로운 실행을 해보려 한다. 언더독스가 그리는 액트프러너십의 미래를 더 많은 사람이 함께 누리기를 바라는 마음이다.

누구나
액트프러너가 되는 세상

'창업'이라는 말을 들으면 가장 먼저 어떤 이미지가 떠오르는가? 여러 대답이 나오겠지만, 아마도 대부분은 대동소이할 것이다. 생성형 인공지능에게 '스타트업'이나 '스몰 브랜드의 CEO' 또는 '실행력이 강한 비즈니스 창업가'를 그려달라고 하면 다양한 이미지가 나오지만, 대부분 젊은 백인 남성 이미지가 포함된다. 인종이나 성별이 다양한 사람이 나오더라도 대부분은 '청년'이 칠판에 사업 계획을 그리며 무언가 말하는 모습이 생성된다. 그만큼 창업을 젊은 사람들의 전유물처럼 여기는 분위기다. 그러나 과연 현실도 그럴까? 이런 의문은 창업 시장, 나아가 액트프러너십의 미래가 어떠한지에 대한 답과도 관련이 있다.

모두의, 모두에 의한, 모두를 위한 창업 시장

생성형 인공지능이 내놓는 답과 달리 현실의 창업은 그 형태도, 창업가의 성별과 나이, 개성도 다양하다. 창업진흥원에서 발간한 「2020년 창업기업실태조사」에 따르면, 창업자 중 가장 많은 비중을 차지한 연령대는 50대였고(31.3%), 다음으로는 40대(30.2%), 30대(17.8%), 60대 이상(17.1%), 20대 이하(3.7%) 순이었다. 온라인 스토어에서 상품을 판매하거나 앱을 개발하는 10대 창업가 소식도 심심찮게 접할 수 있다. 성별은 남성(62.6%)이 여성(37.4%)보다 많았지만, 2023년 통계에 따르면 대표가 여성인 기업은 314만 개로 전체 기업의 40.7%를 차지했다. 이는 역대 최대치였다.

이처럼 일반적인 통념이나 고정관념과 달리, 창업은 이제 모두에게 열린 시장이 됐고, 그만큼 다양한 사람이 뛰어들고 있다. 기존의 앙트프러너십이 과연 이 다양한 사람들을 충분히 아울렀을까? 점점 다양한 창업가의 상을 포용해야 하는 세상이 되고 있다. 액트프러너십 또한 그런 시대 변화에 부합해 다양성을 품어야 한다.

지금까지의 창업 교육은 창업의 진입장벽을 낮추고 창업가들의 시행착오를 줄이는 데 초점을 맞춰왔다. 특히 창업에 대한 사회적 중력이 큰 한국 사회에서 창업가들의 지지 기반을 만드는 것이 언더독스의 비전이었다. 10년이 흐른 지금, 상대적으로 더 큰 진입장벽을 마주한 이들에게도 실질적인 도전의 장을 마련하는 것이 새로운 과제가 되었다.

언더독스의 액트프러너십 개념을 함께 고안하기도 한 한양대학교 신현상 교수는 '앙트프러너십 포 올(Entrepreneurship for All)'이라는 컨셉을 제안한 바 있다. 신 교수는 언더독스의 액트프러너십이 제대로 효과를 보려면 '모두를 위한 액트프러너십'을 지향해야 한다고 강조했다. 경력 단절 여성이나 탈북민 창업 교육, 청소년이나 중장년 창업가를 지원하는 등 보다 다양한 주체에게 액트프러너십을 제시해야 한다는 것이다.

그러나 여전한 진입장벽

언더독스는 오랜기간 창업 교육을 진행해왔기에 누구보다도 창업 시장의 높은 진입 장벽을 잘 알고 있었다. 여러 실행 끝에 창업 시장이 더 많은 이들에게 활짝 열렸다지만, 여전히 아쉬움이 남는다. '로컬 창업'을 준비하는 예비 창업가들을 그 예로 들 수 있다. 10년 전 언더독스가 '공짜로 고강도 창업 교육을 제공한다'는 페이스북 광고를 진행했을 때, 부산에서 찾아온 참가자가 있었다. 그는 언더독스 사무실 근처에 고시원을 찾아봤을 정도로 열정적이었다. 이는 창업과 교육 시장에도 수도권 쏠림 현상이 있다는 반증이며, 그 외 지역에서는 창업에 필요한 인적 네트워크, 지식, 지원 프로그램과 인프라 등이 부족하다는 의미이기도 하다.

수도권 쏠림은 10년이 지난 지금 오히려 더 심해져서 '지방 소멸' 문제로 고민하는 지역도 많다. 한 통계에 따르면 전국 228개 시군구 중 절반이 넘는 121곳이 소멸 위험 지역으로 분류됐다. 비수도권 인구는 2019년 처음으로 수도권 인구를 밑돌더니, 그 격차는 2023년 70만 명 이상으로 벌어졌다. 대한민국 국민 절반 이상이 수도권에 살고 있는 것이다. 특히 청년층의 수도권 쏠림이 더해지면서 지방 소멸은 구체적인 사회 문제로 대두했다.

이런 상황이니 로컬 창업은 더더욱 어려워졌다. 창업 공간을 지원받는다 해도 지역 내에서 함께 창업할 팀원을 구하기도, 고객을 발굴하기도 점점 힘들어지고 있다. 오프라인 창업 교육을 들으려면 서울까지 가야 하는 상황도 그대로이다. 청년들이 양질의 일자리를 찾아 수도권으로 몰리는 것처럼, 창업가들 또한 수도권에서 기회를 모색한다. 심지어 로컬 창업을 계획하고 있어도 강의를 듣거나 정보를 구하는 등의 준비는 서울에서 하는 사람이 많다. 로컬 창업가들이 겪는 어려움을 가늠할 수 있는 대목이다.

우리는 답을 찾을 것이다, 늘 그랬듯이

로컬 창업이 서울에서의 창업보다 훨씬 어려운 것처럼, 진입장벽과 사회적 중력이 모든 이에게 똑같이 작용하지는 않는다. 그러니 창업에 뛰어들기 더 어려운 사람들에게는 실행에 집중할 수 있도록 돕는 일종의 마중물이 필요하다. 그래서 언더독스는 2018년부터 오프라인으로 로컬 창업 교육을 진행해왔다. 2022년에는 하나금융그룹과 함께 '하나 소셜벤처 유니버시티'를 기획했다. 전국 30개 지역 대학과 연계해 1,500여 명의 예비·초기 창업자들을 대상으로 창업 교육을 진행하는 프로젝트를 국내 최초로 시도했다.

이런 대규모 프로젝트를 기획하고 실행한 과정에는 액트프러너의 5가지 역량, 특히 문제 해결 능력이 여실히 담겼다. 먼저, 문제를 정의하고 관점을 도출했다. 지방 소멸 문제를 어떻게 해결할까? 지역에 양질의 일자리를 만들고 청년 인구가 유입될 유인을 제공해야 한다. '로컬 창업'이 그러한 사회 변화를 일으킬 좋은 솔루션이라 봤다.

로컬 창업은 인프라부터 구축해야 하는 구조적인 접근이 필요해 수도권 창업보다도 훨씬 어려웠다. 접근성 좋고 진입장벽이 낮은 창업 교육과 네트워크도 필요하다. 언더독스 혼자 해결할 수 없는 문제였다. 이때 필요한 것이 액트프러너의 협업 스킬이다. 내가 해결하고자 하는 것과 같은 문제를 고민하고 있을 사람이나 조직을 찾았다. 아무래도 지역 대학이 학령인구와 청년인구 감소로 고민이 많을 터였다. 우리가 해결하려는 문제를 공유하고 제안한 결과, 지역 대학들과 손잡고 '창업대학'이라는 컨셉을 기획하기에 이르렀다.

또한, 지역 일자리 창출과 지방 소멸 문제 해결 관련해서는 사회공헌 자본과 연계할 수 있었다. 이로써 전국 거점 대학에서 사회공헌 자본으로 지역 창업가에게 무상 창업 교육을 제공하는 창업대학 모델이 완성됐다. 나아가 언디독스는 창업가를 코칭할 창업가 출신 코치를 선발하고 육성하는 교육 프로그램부터 운영했다. 여러 이해관계자를 설득해 협업 네트워크를 연결한 결과, 구체적으로 한 단계씩 실행해 목표한 바를 이룰 수 있었다.

하나 소셜벤처 유니버시티는 액트프러너를 양성하기 위한 구체적인 실행이 일회성에 그치지 않고 시스템화됐다는 점에서 의미가 크다. 앙트프러너십이 모험가 기질의 기업가정신에서 사내기업가정신으로까지 확장된 것처럼, 앞으로 액트프러너십은 보다 포용적으로 발전할 것이다. 이에 따라 액트프러너 또한 사회에 변화를 일으키고자 행동하는 데 주저함이 없는 창업가에서 출발해 아직 창업 전이라도 자신의 자리에서 새로운 실행을 하려는 사람, 작지만 구체적인 변화에 목마른 사람, '어쩔 수 없다'고 포기하고 싶지 않은 사람으로까지 그 품을 넓힐 것이다.

우리 모두는 액트프러너가 되어야 한다. 대기업인지 자영업인지가 아니라 '사업하는 마인드'가 중요하다. 같은 시장에서 같은 제품을 만들어도 누군가는 '어떻게 하면 돈을 더 벌까'에만 골몰할 수도 있다. 반면 액트프러너는 '이 제품이 구체적으로 어떤 고객의 어떤 문제를 해결해주는가'에 관심을 기울이기에 고객의 목소리를 듣고 제품을 개선한다.

이러한 관점의 차이가 액트프러너십을 판가름한다. 액트프러너는 자신의 실행이 누구를 향하는지, 왜 그리 하는지, 어떻게 해야 더 나은 결과를 만들 수 있는지 고민한다. 이러한 액트프러너가 늘어날수록 사회는 더 나아진다. 언더독스가 사회 문제를 해결하는 초기 창업가에서 한 걸음 나아가 보다 다양한 창업가를 액트프러너로 만들려는 이유다.

그래서 액트프러너십의 색깔도 다양해져야 한다. '액트프러너'라는 단어를 떠올렸을 때 청소년도, 탈북민도, 여성도, 퇴직 이후 새로운 커리어를 고민하는 중장년도, 여러 인종과 국가의 사람들도, 서울과 수도권, 로컬 창업가도 모두 포함돼야 한다. 액트프러너십이 더욱 다양한 사람을 포용할수록 미래는 보다 다채로워질 테니 말이다. 다가올 미래에는 누구나 액트프러너가 되는 것이 선택이 아니라 필수일지도 모른다.

액트프러너십의 글로벌화, 예견된 미래

기업가정신에는 국경이 없다. 위험을 감수하고 문제를 해결해 기회를 잡으려는 사람은 어디에나 있다. 액트프러너십도 마찬가지다. 한정된 자원으로 문제 해결에 필요한 해결책을 마련하고 실행하는 데 피부색이나 학력, 국적은 중요치 않다. 액트프러너십이라는 마인드셋이 장착돼 있는지가 중요할 뿐이다. 따라서 액트프러너는 전 세계 어디에나 있다.

가장 역동적인 그러나 가장 비관적인

언더독스는 특히 아시아 시장에서 액트프러너십의 미래를 찾는다. 왜일까? 액트프러너십의 핵심은 창업을 포함해 새로운 시도를 실행으로 옮기는, 실행 중심 마인드셋과 역량이다. 한국을 비롯해 도전에 보수적인 아시아 문화권, 실행하고자 하는 액트프러너를 뒷받침할 사회 지원 체계나 인프라가 부족한 아시아 국가에 특히 필요한 요소다.

뿐만 아니라 아시아는 글로벌 입지도 독특하다. 인도, 중국, 베트남 등은 '세계의 공장'을 자처하며 제조업을 통해 신흥 강자로 올라섰다. 이제 기술력, 생산성을 올려 반도체처럼 부가가치가 높은 산업에서도 두각을 드러낸다. 2023년 맥킨지 글로벌 연구소는 아시아를 "세계의 새로운 '다수'가 되고 있다"고 평가했다. GDP 성장부터 도심 인구, 중산층 비율, 특허 출원 수 등 여러 지표에서 전 세계 비중의 절반 이상을 차지하기 시작했다는 것이다.

그러나 마냥 낙관할 수만은 없다. 아시아 역시 글로벌 경기 침체의 여파를 피하지 못했다. 2023년, IMF는 세계적인 경기 성장 둔화에 따라 아시아-태평양 지역의 경제 성장도 기세가 꺾일 가능성이 크다고 관측했다. 2024년 전망에서도 부동산 시장 침체, 무역 분쟁, 인플레이션 압력 등으로 인해 아시아 경제에 리스크가 남아 있다고 분석했다.

또한, 아시아 국가들은 서구권 선진국들이 앞서 겪었던 '초고령화 사회'를 마주하고 있다. 2024년 아시아개발은행(ADB)은 보고서를 통해 아시아-태평양 지역의 60세 이상 인구가 2050년까지 12억 명으로 증가할 것이라 내다봤다. 이는 지금 규모의 2배이며, 전체 인구의 약 4분의 1에 해당한다. 더 이상 기존에 하던 방식대로는 성장 동력을 유지하기 어렵다는 뜻이다. 새로운 동력이 필요하다. 생산성을 높이고 사회의 역동성을 배가할 해법을 찾아야 한다.

이런 부정적인 면들이 아시아 국가들이 액트프러너십에 주목하는 배경이다. 그리고 발 빠른 국가들은 변화를 일으키고자 실행에 나섰다.

일본에서는 '잃어버린 20년'을 넘어서야 한다는 목소리가 나왔다. 초고령화 사회에 돌입하면서 일본의 1인당 GDP는 꾸준히 감소해왔다. 기존 대기업의 혁신만 기다려서는 한계가 명확하다.

일본 내 기업가를 양성하고 이들의 사회 변화를 주도하는 '혁신의 엔진'이 되도록 장려해야 한다는 문제의식이 나왔다. "달라져야 한다"는 절박함이 컸다.

실제로 일본 내에서 변화가 감지된다. 기시다 정부는 2023년부터 "스타트업 강화 5개년 계획"에 착수했다. 2027년까지 스타트업에 대한 투자를 10조 엔으로 늘리고, 장기적으로 10만 개의 스타트업과 100개의 '유니콘 기업●'을 육성한다는 목표를 세웠다. 도쿄는 외국 스타트업의 일본 진출을 전폭 지원하고 있다. '벤처카페도쿄' 같은 민간 기관은 창업가에게 필요한 지원과 인적 네트워크 연결에 집중한다.

준비는 현장에서 하는 것

언더독스는 이러한 일본 시장의 변화에 발맞춰 2024년 일본에 진출했다. 2024년 5월, 일본의 최대 스타트업 전시회 '스시테크 도쿄(Sushi Tech Tokyo)●● 2024'에 참여해 부스를 운영하면서 창업가 육성에 대한 현지 니즈를 파악했다. 그해 하반기에 곧바로 일본 대학과 대기업의 임직원, 70여 명의 일본 대학생을 대상

● 10억 달러 이상의 기업 가치를 가진 비상장 스타트업
●● SusHi는 'Sustainable High City Tokyo'의 약자로, '스시테크 도쿄'는 '지속 가능한 첨단 도시 도쿄'를 의미한다

으로 창업 교육을 진행했다.

언더독스의 메시지가 일본의 액트프러너들에게 빠르게 연결된 이유는 2가지라 본다.

첫째, 일본 내에서 '사회 변화'에 대한 갈급함이 커지고 있었다. 일본 현지 분위기는 '스타트업을 매개로 사회를 변화시키고자 하는 운동'에 가까워 보였다. 따라서 실행을 통해 변화를 일으키는 액트프러너십이 와닿은 것이다. 둘째, 일본인들의 '모르면 배우면 된다'는 자세도 한몫했다.

덕분에 6개월도 되지 않아 눈에 띄는 성과를 거두었다. 스시테크 이후 여러 관계자와 연결되었고, 매주 잠재 고객사 20곳을 조사해 무조건 연락을 취해 유수 대학과 대기업에 액트프러너십을 소개할 기회를 얻었다. 무사시노대학교의 학생들과 스타트업 관계자들을 대상으로 언더독스 원데이 프로그램을 선보였고, 일본 5대 기업 중 하나인 히타치그룹에서도 기업 교육을 진행했다. 2024년 12월에는 70명 규모의 대학생 해커톤도 성료했다.

보통 일본 시장에 진출할 때는 매우 신중하게 접근해야 한다고 한다. 일본 시장은 일본어를 할 줄 알아야 진출할 수 있다는 조언, 먼저 네트워크 형성에 공을 들이는 등 충분한 준비와 시간이 필요하다는 조언이 많았다. 하지만 일본 사업을 담당하는 임재성 코치는 일본어를 할 줄 모르지만 영어로 먼저 질문했고, 일본에 갈 때마다 연락해 만나서 이야기를 나누는 등 서로를 이해하고자 노력했다. 그러면서 현지 수요를 파악하고, 이를 관통하는 제안을 하면서 거래를 성사시켰다.

"액트프러너십을 통해 사회에 변화를 일으킨다."

일본에서 그 가능성을 본 언더독스는 이제 인도 시장을 바라보고 있다. 인도는 전 세계에서 3번째 규모의 스타트업 생태계가 갖춰져 있다. 신생 유니콘 기업 또한 전 세계에서 3번째로 많다. 아시아 국가 중에는 혁신과 도전, 창업과 실행에 열려 있는 편이기에 인도는 액트프러너십에 반응할 것이라 본다.

더욱이 세계경제포럼에 따르면 인도는 남성과 여성 창업자 사이의 성별 격차도 좁아지고 있다. 특히 정부 차원에서 여성 창업가에 대한 제도적인 지원을 늘리고 여성의 금융 포용성을 증진해 여성 창업가의 도전을 장려하는 분위기다.

젊은 층의 창업 활동이 활발하다는 점도 인도 사회의 새로운 변화다. 인도에는 '샤크탱크 인도'라는 TV 프로그램이 있다. 벤처 창업가가 투자자들 앞에서 사업 발표를 하고 투자를 유치하는 리얼리티 쇼다. TV 쇼로 제작되어 인기를 끌 만큼 벤처 창업이 주목받고 있고, 실제로 많은 청년이 이런 프로그램을 보면서 창업을 꿈꾼다. 인도의 20대는 취업만큼 창업에도 열려있는 것으로 알려져 있다.

이처럼 인도 사회는 활력이 커지면서 실행하는 방법과 직질

한 지지 기반을 필요로 한다. 언더독스가 '사회를 변화시키는 사람들을 통해 사회를 변화시킨다'는 비전에서 출발한 만큼 현재 인도 사회의 분위기와 잘 맞을 수밖에 없다. 새로운 변화를 일으키고 싶지만 어디서부터 어떻게 시작해야 할지 모르는 사람들에게 실행의 관점과 방법론을 제시하는 과정에서 나온 개념이 액트프러너십이니, 이 또한 오늘날 인도 사회에 딱 들어맞는다.

액트프러너십, 예견된 변화

인도와 일본 모두 액트프러너십과 맞닿아 있지만, 그 결이 다르다. 일본은 경직된 사회에 활력을 더하기 위해 액트프러너십을 받아들이고 있다. 대학부터 기업, 민간 기관과 정부, 개개인까지 어떻게 사회 변화를 일으킬지 고민하는 시기다. 인도는 역동적인 사회 변화 속에서 어떻게 더 많은 기업가, 특히 여성 창업가를 만들지 고민이 크다. 사회 분위기도, 원하는 바도 다르지만, 두 사회 모두 실행 중심 마인드셋과 방법론이 답을 줄 수 있었다.

2024년 이후 본격화하기 시작했을 뿐, 액트프러너십의 세계화는 이미 예견돼 있었다. 팬데믹 이전이었던 2018년, 언더독스는 필리핀, 홍콩, 태국, 베트남 등 아시아 4개국의 사회 혁신 분야 관계자들을 직접 초청해 '아시아 투모로우 네트워크'라는 교류 프로그램을 진행했다. 2017년에는 홍콩과학기술대학교 학생들을 한국에 초청하는 '소셜 이노베이션 트립'을 기획했다. 코로나19가 지난 후에는 '아시아투모로우'라는 온라인 플랫폼을 통해 아시아 창업가들을 조명하고 있다.

글로벌 접점을 만들고 이어가기 위한 노력이 점점 가시적인 성과를 내고 있다. 아시아가 그만큼 역동성을 더하고 있고, 그 변화에 걸맞은 새로운 아젠다가 필요하다는 뜻이다. 액트프러너십은 오늘날의 아시아를 위한 새로운 앙트프러너십으로, 실행 주체가 필요한 모든 국가와 사회의 고민에 응답하는 하나의 솔루션이 되고 있다. 또한, 피부색, 문화, 성별, 학력과 무관하게 '실행'에 초점을 맞춰 세상을 바꾸는 동력을 제공할 수 있다. 이제 액트프러너십은 전 세계 기업가들의 행동양식이 될 것이다.

혼자 잘해봐야
아무 소용 없습니다

액트프러너십이 더욱 보편화하려면 액트프러너를 든든하게 지지하는 기반이 필요하다. 힘들게 액트프러너가 된 기업가가 관성에 이끌려 다시 '하던 대로' 하는 사람이 되지 않으려면, 나아가 성장과 성공을 계속해서 이어가려면 혼자서는 힘들다. 실행이 이어지도록 장려하는 커뮤니티와의 연결, 액트프러너와 함께 성장하는 파트너의 증가, 액트프러너가 실행에 집중할 수 있는 여건 등이 중요하다. 결국, "멀리 가려면 함께 가야 한다"는, 진부하지만 진리에 가까운 격언을 따라야 한다.

서로의 페이스메이커가 되어야 한다

"언더독스는 교육 회사가 아닙니다."

10년간 창업 교육을 이어오고 있고 책에서도 창업 교육과 실전형 코칭을 강조했으니 이 말을 이해하기 힘들 것이다. 하지만 이해하기 쉽도록 외부에는 '교육 회사'라고 말하는 것일 뿐, 언더독스는 스스로를 '솔루션 회사'에 가깝다고 정의한다. 창업 자체를 전수하는 게 아니라, 세상에 변화를 일으키는 실행을 촉진하는 데 초점을 두기 때문이다. 교육은 실행을 촉진하기 위한 하나의 방법이자 출발점일 뿐이다. 실행을 촉진할 수 있다면 교육 이외의 행동도 기꺼이 실행한다.

애초에 언더독스는 '함께 가야 멀리 간다'는 관점에서 출발했다. 사회에 긍정적인 변화를 일으키는 기버 성향의 액트프러너를 늘리는 데 그치는 게 아니라 기존 창업 생태계에서 액트프러너들이 서로 지지하고 도울 수 있는 네트워크와 커뮤니티가 필요하다는 생각에서 언더독스가 탄생했다. 그래서 언더독스는 실전 코칭만 제공하지 않는다. 매일 실행하는 창업가들의 커뮤니티를 따로 운영하고 창업 교육을 지원하는 클라이언트까지 '동반 성장의 파트너'로 정의한다.

언더독스가 '액션클럽'을 운영하는 것도 커뮤니티를 형성하기 위해서다. 액션클럽은 '자기 주도적인 사람들의 커뮤니티'를 표방하며 정해진 기간 내에 마케팅, 세일즈, 트래픽(노출), 브랜딩 등의 미션을 수행하고 비즈니스 성과를 만드는 창업가 커뮤니티다. '말보다는 실행'을 모토로 하는 이 커뮤니티에, 혼자서 고군분투하다가 길을 잃은 액트프러너들이 실행력을 회복하고자 자발적으로 모이기 시작했다.

"단순히 교육을 듣는 것이 아니라 기업의 체질을 바꿔 나가는 과정이었습니다."

액션클럽 커뮤니티에 참여했던 '로브콜'의 창업자 오태근 대표의 말이다. 그는 커뮤니티에서 함께 액트프러너십 챌린지를 하면서 '언젠가는 해야지'라는 생각으로 미뤘던 것들을 빠르게 실행할 수 있었다고 회고했다. 예를 들어, 고객이 우리 제품을 구매하는 USP(Unique Selling Point)를 작성하는 과제의 구체적인 피드백을 받아 자정까지 다시 작성해보면서 마케팅과 브랜딩의 본질을 재정립하게 됐다고 한다.

마라톤이나 자전거 경주에는 다른 선수가 페이스를 유지할 수 있도록 도와주는 '페이스메이커'가 있다. 언더독스는 창업 교육 프로그램을 지원하는 기업 고객, 기업 내 사회공헌이나 ESG 담당자도 페이스메이커로 규정한다. 말 그대로 '멀리 가기 위해 함께 가는' 파트너로 보고 이들의 역량도 강화할 수 있는 실행을 이어왔다. ESG 세미나를 개최하거나 비영리 단체 대상 기부 프로그램을 기획하는 것 등으로, 단순한 교육 활동을 넘어선 협업 전략이었다. 언더독스가 벤처로서 10년 이상 생존할 수 있었던 근본적인 이유는 이처럼 '같이 성장하려는 태도'에 있다. 실행으로 세상을 바꾸는 액트프러너가 늘어나려면 그들을 뒷받침하는 파트너들이 필요하고, 이들과 함께 성장하는 것이 장기적으로 중요하기 때문이다.

선순환의 시작

액트프러너로서 서로 연결된 사람들은 정서적인 지지 기반을 넘어 실질적인 도움을 나누는 '안전망' 역할을 히게 된다. 언더독스가 지금까지 창업 교육을 한 사람들의 대략적인 통계를 내보면, 100명 중 40여 명이 창업을 시도하고, 그중 상호 협력을 이어가는 사람이 20여 명이다. 특히 상대직으로 지원이 부족한 비수도권 지역에서는 창업가와 페이스메이커의 연결이 사업적으로 유의미한 결과로 이어질 가능성이 크다. 전에 없던 협업 기회와 시너지를 기대해볼 수 있기 때문이다.

액트프러너의 커뮤니티, 이해관계자의 동반 성장, 여기에 교육과 투자를 연계하는 것이 언더독스의 목표였다. 실제로 뉴블랙 산하에서 언더독스(교육)와 뉴키즈인베스트먼트(투자)가 협업하면서 창업 코치들은 교육 참가자 중 투자할 만한 창업자를 추천하고 있다. 이렇게 이루어지는 투자의 90% 가량은 언더독스 교육과 연계되어 있다. 교육이 교육으로만 끝나서는 안 된다는 지론이 있기 때문이다.

액트프러너십 교육이 실제 투자로까지 이어지는 그림은 '언더독스 선순환 투자조합'을 보면 알 수 있다. 이는 기존 창업가들이 참여하는 투자조합으로, 후배 창업가들이 실행에 더욱 집중할 수 있도록 선배들이 LP*이자 벤처파트너로 참여하는 펀드로 결성된다. 교육으로 초기 창업팀을 발굴하고, 이들을 컴퍼니빌딩의 대상으로 육성하며, 더 나아가 성장한 이들이 역으로 액트프러너 양성에 기여하는 선순환 고리를 만드는 과정이다.

선순환 펀드 1기에는 6명의 선배 창업가가 참여했다. 감자빵을 개발해 연 매출 200억을 돌파할 정도로 큰 화제가 된 농업회

• Limited Partner. 펀드 출자자

사법인 '밭'의 이미소 대표, 연 매출 200억을 달성한 브랜딩 에이전시 B.A.T.의 박준규 대표 등이 펀드의 취지에 공감해 선배 창업가로 나섰다. '잘될 것 같아서' 투자하는 게 아니라, 장기적으로 지역사회, 소상공인 업계 등에 변화를 가져올 창업가의 잠재력에 주목한 초기 투자였다.

이처럼, 누구나 액트프러너가 되는 세상은 장기적인 관점에서 투자 의사결정을 하는 '인내자본'과도 결합되어야 한다. 액트프러너 양성을 위한 실전형 코칭과 교육, 인식 개선에서 멈추지 않고 이후로도 액트프러너십을 가꾸며 발전시킬 수 있는 토양을 만들어야 하기 때문이다. 액트프러너와 그들을 지지하는 이해관계자들이 연결되는 네트워크를 조성해야 하고, 이들의 실행을 받쳐주는 자본의 역할도 더욱 중요해질 것이다.

이는 언더독스가 자신들을 교육 회사에 국한하지 않으려는 이유이기도 하다. 실행을 통해 변화를 일으키고자 하는 이들을 지원하고 변화의 임팩트를 강화하는 과정의 출발점은 교육이지만, 교육에만 머물러서는 안 된다. 실행을 중심으로 세상에 역동성을 더할 액트프러너들이 외롭지 않도록 손에 잡히는 안전망을 엮어내고, 이들에게 실질적인 지지 기반을 제공하는 것이 언더독스를 비롯한 이 사회의 과제인 셈이다.

실행이 생존이다

이 책을 덮을 때 단 한 가지만 기억할 수 있다면 무엇을 기억해야 할까? 바로 '실행이 곧 생존 전략'이라는 사실이다. 창업가만이 아니라 누구라도 이토록 불확실성이 가득한 세상에서는 자신만의 길을 개척하고 업을 만들어야 한다. 변화를 만들어내야 하는 기로에 선 순간, 우물쭈물해서는 안 된다. 일단 실행해야 한다. 실행이 명확한 배움과 성공의 단서를 준다. 이를 통해 다음 걸음을 떼야만 길을 잃거나 포기하지 않고 끝까지 갈 수 있다.

지식은 변화의 속도를 따라잡지 못한다

어느 고대 철학자가 말했다.

"우주에 변하지 않는 유일한 것은 '변한다'는 사실뿐이다."

그 말처럼 미래는 갈수록 불확실해지고 있다. 대학 졸업 후에 한 직장에서 정년퇴직하던 시대는 진즉 끝났다. 기대수명은 늘어났고, 퇴직 이후 인생의 시계는 사람들에게 '인생 이모작'을 강요한다. 대학도, 직장도 탄탄대로를 보장해주지 않는 시대에 사람들은 갈피를 잡지 못해 방황한다.

경제, 기술, 커리어 등 거의 모든 것이 불확실해지면서 사람들은 '미래에 정답은 없다'는 사실을 통감하고 있다. 답답한 현실이지만, 한편으로는 기회일 수도 있다. 정해진 답이 없으니 답을 만들어내면 된다. 그 키워드는 실행이다. 조금만 유연하게 생각하면 다른 사람들이 불확실성의 벽에 가로막혀 막막해하는 동안 누군가는 실행으로 적절한 답을 찾을 수도 있다. 그래서 '창업'에 대한 관심이 커지고 있지만, 이 관심이 실제 창업으로는 잘 이어지지 않는다. 준비한다는 명목으로 시간만 잡아먹다가 이내 의욕을 잃는다. 변화의 속도를 따라잡기도 벅차다. 새로운 지식과 정보를 구하느라, 정작 해결해야 할 문제를 실시간으로 파악할 수 있는 '실행'을 하지 않는다. 액트프러너십이 앞으로 더욱 빛을 발할 수밖에 없는 이유이다.

세상이 바뀌어도 액트프러너십의 본질은 바뀌지 않을 것이다. 먼저 자신만의 관점을 도출해야 한다. 나의 실행은 무엇을 향하고 있는가? 액트프러너로서 어떤 문제를 해결하고자 하는가? 실행의 임팩트와 지속가능성을 키우기 위해 얼마나 다양한 실행을 고려하고 있는가? 이처럼 실행 중심의 마인드셋이란 무턱대고 발부터 들이미는 게 아니라, 액트프러너만의 관점을 전제로 추진력을 발휘하는 것이다.

실행의 방향에 해당하는 'Why(왜)'의 관점을 설정했다면 이제 'How(어떻게)'에 집중해 구성원을 이끌고 높은 성과를 만들어야 한다. 대부분은 충분히 실행하지 않아서 또는 무턱대고 실행하느라 실행력을 낭비해서 문제다. 어느 쪽이든 이내 "역시 안 되는구나" 하고 섣부른 결론을 내리기 일쑤다. 실행에 앞서 실행의 방향을 점검하지 않았기 때문이다. 준비만 하느라 정작 실행을

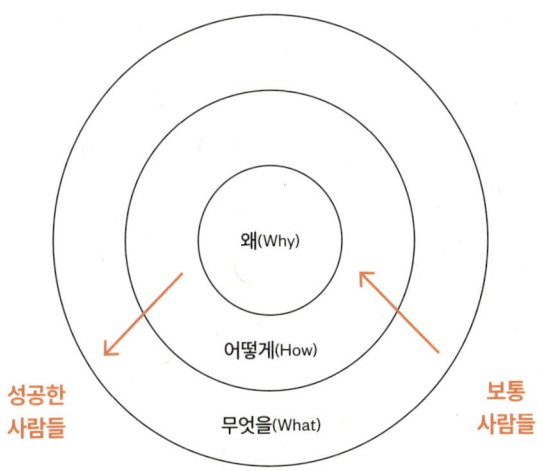

- 왜(Why): 신념, 가치관, 비전, 존재이유
- 어떻게(How): '왜'를 실현하기 위한 방법, 프로세스
- 무엇을(What): '왜'의 결과로 나온 제품이나 서비스

골든서클

차일피일 미루는 것과는 다르면서도 결말은 비슷해진다.

사이먼 사이넥은 저서 『나는 왜 이 일을 하는가』에서 '골든서클(Golden Circle)'이라는 프레임워크를 강조했다. 평범한 기업은 자신에게 주어진 자원을 기준으로 무엇(What)을 할지, 그걸 어떻게(How) 할지 생각하지만, 위대한 기업은 '그 일을 왜 하는가(Why)'라는 질문에서 출발한다는 것이다. 덕분에 고객을 설득하고 브랜드의 팬으로 만드는 실행이 가능했다. 실행의 방향이 액트프러너의 관점에서 시작돼야 하는 이유다.

비전과 실행이 날개가 되어준다

언더독스의 창업방법론에서는 창업가의 성향 진단과 문제 탐색을 가장 먼저 진행한다. 자체 개발한 'DOGS 창업가 성향 진단'을 통해 협업하는 팀원이 어떤 유형에 해당하는지 파악하고, 함께 더 나은 실행을 하려면 어떻게 분업해야 하는지 논의한다. 또한, I.O.I 문제 탐색 프레임워크로 창업의 동기(Why)를 파악하고, 실행의 시작점이 나의 문제를 해결하는 유형인지 아니면 타인의 문제에 공감하고 해결책을 찾는 유형인지 분류한다.

간단하고 바로 시도해볼 수 있는 선행 작업이 있어야만 액트프러너로서의 실행이 힘을 받고 계속 이어질 수 있다. 이는 액트프러너의 5가지 역량과도 연관이 있다. 5가지 역량은 결국 실행의 방향과 크기(실행력과 문제 해결 능력), 실행의 기준(리더십), 실행의 과정(협업 스킬), 실행의 역동성(시장 중심 관점)을 아우르기 때문이다.

실행은 액트프러너십의 근간이고, 불확실성이 커지는 시대에 한 끗 차이를 만드는 돌파구가 된다. 액트프러너는 "해봤다"를 통해 미래를 한 발 앞서 내다보고 길을 개척할 수 있다. 언더독스 자체가 그 산증인이다. 지난 10년간 외부 투자 없이 창업 교육 사업을 시작해 규모 있는 기업으로 성장했고, 한국을 넘어 아시아

시장에서 액트프러너십의 가능성을 발굴하고 있다. 또한, '오프라인 창업 교육은 확장성이 없다'는 회의적인 시선에도 불구하고 사회적 기업 최초로 코스닥 상장에 도전하고 있다. 모두가 불가능하다 여긴 것들을 오직 실행을 통해 증명해낸 것이다. 그리고 그 밑바탕에는 그저 돈을 벌겠다는 일차원적 욕구를 넘어 훨씬 장기적인 관점, 사회 변화를 일으키는 액트프러너를 육성하고 그들을 통해 더 큰 임팩트를 만들겠다는 비전이 있다. 이 비전이 언더독스가 10년간 포기하지 않고 실행하며 성장하는 'Why(왜)'였다. '왜'가 분명하니 실행의 방향도, 기준도, 역동성도 따라왔다. 실행하며 성과를 만들어내니 그 가치를 인정받았다. 자본주의 사회와 액트프러너십의 가치가 맞아떨어지니 매출이 뒤따랐다.

언더독스는 지난 10년간 묵묵히 쌓아 올린 실행의 역사로 액트프러너십의 현재와 미래를 보여주고 있다. 빈손으로 시작해 '언더독'으로 고군분투했던 언더독스가 길을 개척하고 걸어온 그 과정과 결과가 바로 액트프러너가 되어야 하는 이유를 보여준다. 불투명한 미래는 '이미 와 있다'. 당장 액트프러너가 되어야 하는 이유는 그것만으로도 충분하다.

액트프러너
코칭 노트

여기까지 읽었다면 액트프러너십에 반걸음 다가갔다고 볼 수 있다. 남은 반걸음은 어떻게 채워야 할까? 당연히 '진짜 실행'이 그 답이다. 책에 꽉꽉 눌러 담은 액트프러너십의 메시지와 방법론, 방향을 자신의 것으로 만들고 사례들을 꼼꼼히 분석해 자신의 삶에 적용해봐야 한다. 당장 할 수 있는 실행이 무엇인지 모르겠다면, 언더독스의 창업 교육 방법론과 템플릿들을 활용해 배움을 자신의 것으로 만들어보자. 그 자체로 좋은 실행이 될 것이다.

DOGS 창업가 성향 진단

무엇이든 첫 단추를 잘 끼우는 것이 중요하다. 언더독스는 '자기 이해'와 '팀 빌딩'이 새로운 실행의 첫 단추라고 본다. 자신을 제대로 이해하고 함께 협업해 새로운 도전을 하는 팀원을 깊이 이해하는 것이 좋은 실행의 첫걸음이다. 협업 스킬이 액트프러너의 5가지 역량 중 하나이고 액트프러너십은 개인을 넘어 팀 단위로 발현될 때 더욱 강력한 만큼, 자기 자신은 물론 팀이 서로를 이해하는 과정이 반드시 선행돼야 한다.

이런 고민의 결과를 집약해 개발한 것이 언더독스의 'DOGS 창업가 성향 진단 도구'다. 자기 이해가 얼마나 되었는지에 따라 창업의 성패가 갈리기도 한다. 그래서 자신의 성향을 온라인으로 간편하게 파악해볼 수 있도록 만든 유형 테스트이다. 테스트 참가자의 유형을 크게 4가지로 분류하고, 각 유형의 강점을 한눈에

유형	견종	설명
관리형(Director) 빠르게 목표를 달성하기 위해 스스로 환경을 조성하고 지도력을 발휘해 어려운 문제를 처리하는 유형	도베르만	에너지가 넘치고 경쟁심이 매우 강한 유형
	비글	본인과 주변 사람들을 관리하는 데 능숙한 유형
	로트와일러	높은 기준과 결정력으로 일을 추진해 나가는 유형
사고형(Organizer) 퀄리티와 정확성을 높이기 위해 신중하고 꼼꼼하게 일하며, 업무와 관계에 관해 분석적으로 사고하는 유형	보더콜리	전문 분야에서 누구보다 뛰어나고자 노력하는 유형
	삽살개	직관적이고 객관적인 자료를 토대로 효율적으로 일하는 유형
	진돗개	체계적이고 정확하게 사고하며 일하는 유형
안내형(Guider) 호의적인 인상과 말솜씨로 원만한 관계를 유지하며 타인을 설득하고 동기를 유발하는 유형	푸들	높은 사회적 기술과 매력을 지닌 유형
	비숑 프리제	조직과 함께 목적을 달성하기 위해 적극적으로 노력하는 유형
	세인트버나드	인간관계에서 발생하는 문제 해결에 능한 유형
지원형(Supporter) 인내심, 충성심, 전문성을 바탕으로 다른 사람들과 협력하고, 안정적이고 조화로운 환경을 조성하는 유형	골든 리트리버	일관적인 업무 수행을 지속하는 유형
	웰시코기	업무를 분장하고 관리하는 동시에 타인을 배려하는 유형
	시추	혼자 일하는 것을 선호하며 전문적인 일에 능한 유형

언더독스의 'DOGS 창업가 성향 진단표'

검색 사이트에서 '언더독스 DOGS 성향 알아보기 테스트'를 검색하거나
QR 코드를 스캔해서 테스트할 수 있습니다. (http://testdogs.co.kr/)

파악할 수 있도록 견종과 그 특징에 비유하여 설명한다.

DOGS 창업가 성향 진단 테스트를 할 때, 비슷한 업무를 하는 팀원이라도 검사 후에 각자 유형에 대해 구체적인 설명을 붙여주어야 한다. 예를 들어, 같은 기획자라 해도 누군가는 "새로운 프로젝트 시작을 잘하는 아이디어뱅크"일 수 있고, 다른 구성원은 "동료들에게 영감을 주며 동기를 부여하는 팀플레이어"일 수도 있다. 이러한 성향 파악을 통해 팀을 이해하고 각자 어떤 액트프러너십에 강점이 있는지 토의하는 것도 좋다.

I.O.I 문제 탐색 방법론

자기 자신과 팀원들에 대해 자세히 파악했다면, 다음으로는

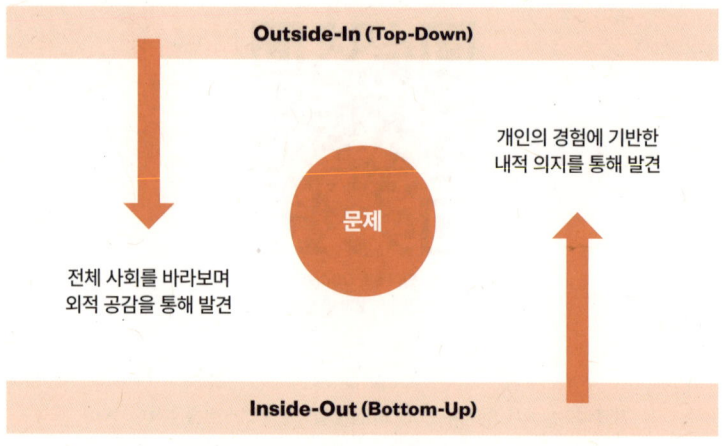

I.O.I 문제 탐색 방법론

액트프러너로서 문제에 대한 관점을 갈고닦아야 한다. 이를 위해 언더독스는 창업 코칭에 'I.O.I 문제 탐색법'을 주로 사용한다. 내가 발견하고 해결하려는 문제가 '나'로부터 출발한 것인지(Inside-Out) 아니면 '외부'에서 문제를 발견하고 타인의 고통, 즉 '페인 포인트'에 공감해 해결책을 찾고자 하는 것인지(Outside-In) 분류해 창업의 동기를 살펴보는 방식이다.

내가 겪은 불편함을 해결하는 과정에서 실행에 실행이 더해져 창업하는 경우가 Inside-Out으로 문제를 발견하고 정의하는 경우다. 예를 들어, 세금계산서 발급이 번거로워 불편했던 경험을 떠올려 전자세금계산서 발급을 자동화는 소프트웨어를 개발했다면, 전형적인 Inside-Out이라고 볼 수 있다. 아이를 낳은 후 육아 도우미를 구하는 데 어려움을 겪다가 '파트타임 일자리를 구하는 대학생과 육아 도우미 일자리를 매치해 양쪽의 문제를 해결한다'라는 아이디어를 실행에 옮긴 사례도 있다.

Outside-In은 그 반대다. 한 창업가는 여수를 찾는 관광객이 늘면서 지역 사회가 늘어난 쓰레기 때문에 골머리를 앓고 있음을 알게 되고 이를 해결하기 위해 창업에 나섰다. 이처럼 뉴스나

문제 유형	I.O.I	구체적인 문제로 서술하기	우선 순위
여성/육아	Inside-Out	아이를 낳고 키우는 여성들이 직장으로 복귀하기 어려워 경력 단절을 경험함.	
환경/쓰레기	Outside-In	여수에 방문하는 관광객이 늘면서 여행지에 쓰레기가 늘고 있음.	

언더독스 문제 탐색 템플릿 예시

해결하려는 문제	
문제 당사자	**원인**
본인이 선정한 문제를 겪는 당사자를 구체적으로 묘사하고 정의합니다.	문제가 발생하는 직접적인 원인들을 리스트로 작성합니다.
불편 사항	
문제 당사자가 실제로 겪고 있는 불편함을 구체적으로 작성합니다.	

언더독스 관점 도출 템플릿 예시

주변 사람들의 경험담, 우연히 접한 사업 기회 등에서 변화가 필요한 문제를 발견하고 실제로 그 문제를 해결하기 위한 실행을 할 때가 바로 액트프러너가 Outside-In으로 문제를 정의하고 그에 대응하는 실행을 보여주는 것이다.

액트프러너의 실행은 단지 '맨땅에 헤딩'하는 게 아니라 문제와 그 원인, 새로운 솔루션이라는 '관점'에 발을 딛어야 한다. 이러한 관점 도출이 막연하게 느껴진다면 I.O.I 문제 탐색 방법론을 통해 자신이 바꾸고 싶은 문제의 기원부터 짚어보고 그 문제를 샅샅이 해부해보자.

이 외에도 언더독스가 수년간 제공한 창업방법론을 온라인에서 무료로 확인할 수 있다. 또한, 2만여 명의 창업가를 육성하면서 쌓은 노하우와 액트프러너가 되기 위한 기본 방법론은 전자책으로도 볼 수 있다. 실행 아이템과 솔루션을 구체화하고, 문제를 둘러싼 각종 이해관계자를 조사해 그들의 참여를 유도하는 방법을 고민하는 등 액트프러너의 역량을 기르는 데 도움이 될 것이다.

오리지널 리포트
QR코드

언더독스 온라인 강의 사이트
QR코드

2만 명이 검증한
액트프러너십

2만 명. 지금까지 언더독스가 액트프러너 교육을 통해 만난 창업가의 수다. 10년간 사회에 변화를 일으키는 창업가를 육성해 임팩트의 크기를 키우는 데 집중한 결과다. 하지만 단지 '수'만으로 영향력을 평가할 수는 없다. 영향력을 제대로 평가하려면 다양한 지표가 필요하다. 액트프러너를 육성해 영향력을 확장하기 위한 가설들이 실제로 맞아떨어졌다는 사실을 입증할 수 있다면, 이는 액트프러너십이 이 시대에 반드시 필요할 뿐만 아니라 매우 효과적이라는 근거가 될 것이다.

결국, 결과로 증명해야 한다

창업가라면 결국 결과로 증명해야 한다. 결과는 보통 매출을 통해 드러난다. 그렇다면 언더독스 교육을 거친 액트프러너가 만들어낸 매출 규모는 어떨까? 언더독스가 육성한 기업의 매출 총액은 2024년 12월까지 1,423억 원이 넘고, 이 기업들을 통해 창출된 고용 인원은 총 3,248명에 달한다. 그동안 언더독스가 발굴한 창업팀, 그중에서도 창업을 유지하며 일자리를 창출하고 매출을 만들어낸 결과가 숫자로 증명된 셈이다.

액트프러너 교육의 힘은 다른 지표에서도 증명됐다. 1년 된 신생기업의 생존율 측면에서도 액트프러너 교육을 받은 창업가나 창업팀은 국내 평균인 64.9%보다 훨씬 높은 92%에 달했고, 평균 매출액 성장률도 국내 신생기업 평균인 10.4%를 훌쩍 뛰

평균 고용인원	평균 투자액	평균 매출액
2.20명	**2.12억 원**	**1.17억 원**
전년대비 0.48명 증가	전년대비 0.05억 원 증가	참가 팀 수 증가로 인해 전년대비 0.29억 원 감소

육성기업이 만들어낸 매출 총액	육성기업이 창출한 고용인원
142,335,256,638원	**3,248명**
창업기업 평균 매출액×창업유지율×발굴한 창업팀 수	창업기업 평균 고용인원×창업유지율×발굴한 창업팀 수

액트프러너 교육 참가 창업 기업의 성과
(출처: 『2024 애뉴얼 리포트』)

어넘는 237.2%를 기록했다. 그중 우수 창업팀은 국내 평균 대비 3배 이상 높은 투자 유치율을 보였다. 언더독스 교육 이수 후 창업팀의 액트프러너십 역량 지표 또한 전반적으로 올라갔다.

특히, 해당 기업들의 '실행' 지표가 눈길을 끈다. 액트프러너 교육 창업팀은 평균 2.47회 최소기능제품(MVP)을 실행하고 피봇했다. 수요를 검증하기 위해 직접 만난 고객의 수는 평균 123.3명으로 두드러졌다. 앞서 살펴본 지표들 역시 액트프러너 교육을 받은 창업팀이 고객과 시장을 직접 대면하는 '실행'에 집중한 결과물이라 볼 수 있다.

2만 명 이상의 창업자를 만나면서 언더독스는 창업자들의 성

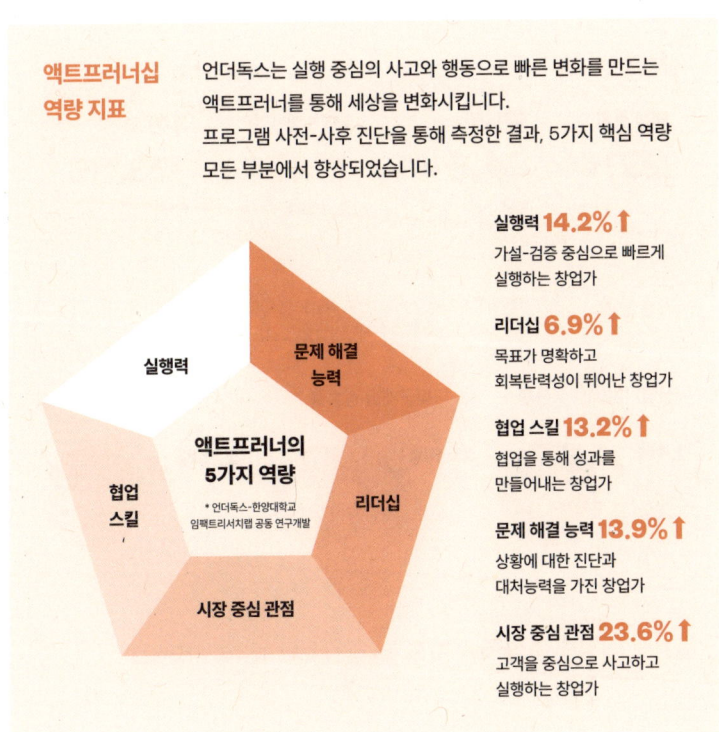

액트프러너십 역량 지표 상승률
(출처: 『2024 애뉴얼 리포트』)

향 데이터도 파악할 수 있었다. DOGS 창업가 성향 진단 테스트 결과, 참가한 창업가 중에는 협력적이며 조화로운 환경을 추구하는 지원형(S)이 가장 많았다. 특히 그중에도 업무를 분장하는 동시에 타인을 배려하는 웰시코기형, 홀로 전문적인 일에 능한 시

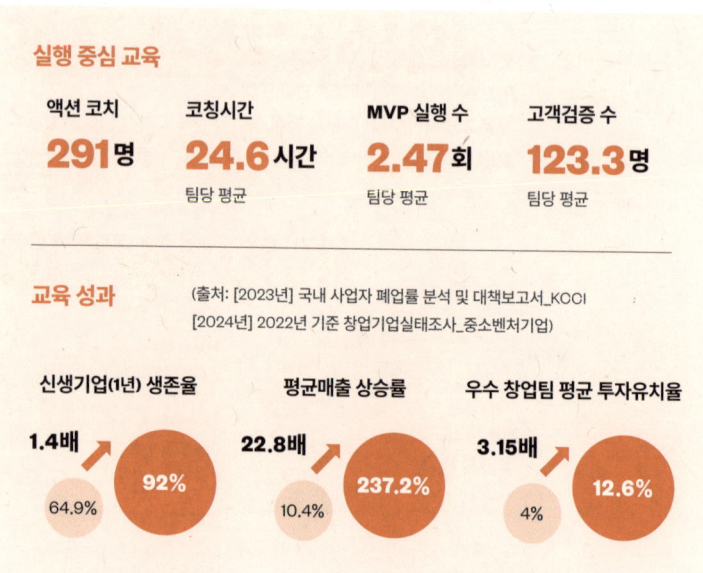

실행 중심 교육 지표 (출처: 『2024 애뉴얼 리포트』)

추형이 가장 많았다. 다음으로는 관리형(D)이 많았는데, 본인과 주변 사람들을 관리하는 비글형, 높은 기준으로 일을 추진해나가는 로트와일러형의 비중이 컸다.

이러한 패턴은 연령에 따라 갈렸다. 30~39세 참여자는 관리형(D)의 비중이 증가했다. 연령대가 높아질수록 빠르게 목표를 달성하고 지도력을 발휘하는 유형이 늘어난 것이다. 연령이 높은 창업가일수록 목표지향적 성향을 보인다고 해석할 수 있다. 보통

창업가 성향 분석 검사
DOGS Test

언더독스가 DISC 검사를 기반으로 직접 연구/개발한 창업가 성향 분석 검사는 창업가 스스로 자신의 유형을 파악해 성공적으로 팀을 빌딩할 수 있도록 돕습니다

관리형
Director
27.79%
빠른 목표 달성
지도력 발휘
도베르만 # 비글
로트와일러

안내형
Guider
14.79%
타인설득형
동기부여형
푸들 # 비숑프리제
세인트버나드

사고형
Organizer
14.67%
신중하고 꼼꼼한
분석적인 사고
보더콜리
삽살개 # 진돗개

지원형
Supporter
42.75%
협력적 # 안정적
조화로운 환경 추구
골든 리트리버
웰시코기 # 시츄

창업가 성향분석 검사 (출처: 「2024 애뉴얼 리포트」)

연차가 쌓이면서 사회 경험이 축적되고 그에 따라 리더십을 요구받는 만큼, 서포터보다 관리자로서 리더십을 발휘하는 창업가의 비율이 증가했다는 해석도 가능하다.

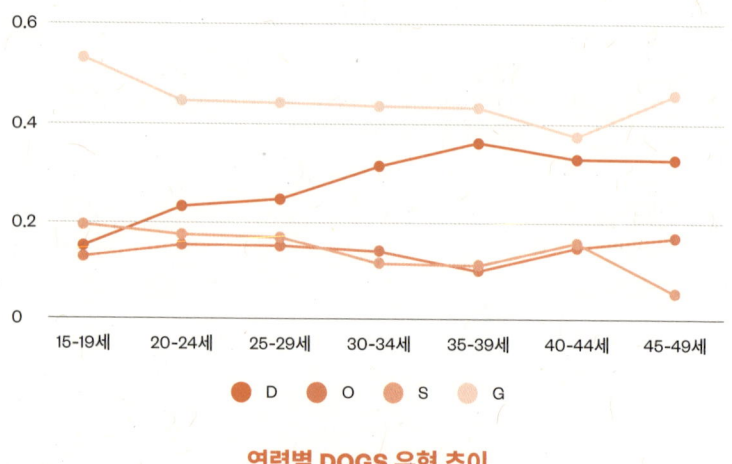

연령별 DOGS 유형 추이

    이같은 데이터에서 우리가 얻어야 할 메시지는 하나다. 자신과 팀의 액트프러너십에 집중할 때 유연하고도 강력한 창업팀을 꾸릴 수 있다는 것이다. 이토록 불확실성이 큰 시대에 언더독스의 액트프러너 교육이 두드러진 성과를 올렸다는 것, 즉 그만큼 액트프러너십이 강력하다는 점에 주목해야 한다. 여기까지 왔다면, 이제 남은 것은 하나다. 책을 덮고, 실행하라. 실행만이 당신을 생존을 넘어 성공으로 이끌 것이다.

underdogs.

Tokyo

100

Acting as
One Team

당신의 가능성

Blooming
Your Potential.

We belive that
supporting
enterpreneurs is our
own way
to make a better
world.

액트프러너가 되기 위한 실행 4
—액션 리스트 작성

액트프러너십을 높이려면 어떤 액션(실행)을 취할 수 있을까? 다음과 같은 '액션 리스트'를 작성하고, 액션 타임라인을 정해보면 도움이 될 것이다.

액션 1	시작일	예상 데드라인
액션 2	시작일	예상 데드라인
액션 3	시작일	예상 데드라인
액션 4	시작일	예상 데드라인
액션 5	시작일	예상 데드라인

액션 리스트 작성

에필로그:
지금 알고 있는 걸 그때도 알았더라면

원고를 작성하면서 옛날 생각이 많이 났다. 특히 코로나19가 어른거리던 2020년 초입이 떠올랐다. 그때 나는 반쯤 직장인이었고, 반쯤 창업가였다. 2019년 작게 시작했던 사이드 프로젝트의 규모가 점점 커지더니 '부업'이라는 틀에 가두기엔 너무 커져 버렸다. 하지만 이제 막 이직해 이전보다 높은 연봉을 받기 시작했던 터라 퇴사를 하자니 망설여졌다. 아직 돈이 벌리지는 않지만 빠르게 성장하는 사업과 약간 답답하지만 안정적이었던 직장 사이에서 양자택일의 기로에 섰다. 그리고 선택의 순간은 어느새 코앞으로 다가왔다.

2020년 5월, 결국 사표를 썼다. 이미 그전에 법인을 세웠고, 엔젤투자도 받았다. 이후 창업팀에서 공동창업자로 합류하며 고군분투했다. 그 시간은 여전히 글로 쓰려야 쓸 수 없는 굴곡의 연속이었다. 우리는 사업이 뭔지 몰랐고, 돈이 뭔지 몰랐다. 좋아하는 일을 재밌고 의미 있게 하다 보니 어느새 창업가가 돼 있을 뿐이었다. 하지만 본격적으로 창업에 들어섰을 때, 우리는 알 수 없는 미래를 만들어 가면서 그동안 해보지 않았던 과제를 헤치워야 했다. 프로젝트를 따내고 장표를 뒤적이면서 나의 무지함을 자주 마주했다.

회사는 꾸준히 성장했다. 점점 돈을 벌며 비즈니스의 꼴을 갖쳤다. 하지만 얼마 지나지 않은 2022년, 나는 창업팀을 나왔다. 사이드 프로젝트로 시작해 2년 남짓의 시간을 쏟아놓고 걸음을 멈춰버린 것이다. 그때는 이것도 저것도 다 싫어서 도망친 것뿐이었지만, 돌이켜보면 나는 혼란스럽고 지쳐있었다. 좋아서 하던 일이 규모 있는 사업으로 변화하는 과정에 나는 적응하지 못했다. 창업가라는 정체성을 이해하지도, 받아들이지도 못했다. 그런 와중에 책임져야 할 일이 쏟아지니 과부하가 걸렸다.

그때 나는 흔들리지 못해 무너진 건물과 같았다. 건물은 보통 크고 높을수록 잘 흔들리도록 설계된다. 그래야 지진이 발생하거나 폭풍우가 몰아칠 때 무너지지 않는다. 하지만 난 창업이라는 태풍 속에서 흔들리지 못하고 뻣뻣하게 서 있었다. '내가 원하는 일이 이게 맞나?'부터 '우리는 지금 잘 가고 있는 걸까?', '돈을 벌어야 한다지만 너무 벅차다' 같은 상념들이 발목을 잡았다. 기꺼이 고난에 뛰어들어 부닥치고 실행하기보다는, 너무 많은 생각과 고민으로 스스로를 괴롭혔다. 내게는 바람을 맞으며 흔들리고 버텨내는 요령이 없었다.

액트프러너십에 관한 원고를 쓰면서 그 시절의 나 자신을 돌아볼 수밖에 없었다. 그때 나는 왜 무언가 시도하는 것 자체를 힘들어했을까. 문제를 짚는 데서 그치지 않고 해결책을 강구해야 했는데, 왜 나는 '안 될 것'이라는 염불만 되뇌었을까. 어째서 내가 모르는 것, 해본 적 없는 일에는 무작정 방어적으로 돌변했을까. 이리저리 재지 않고 일단 실행해본 후 차차 개선하면 됐을 텐데, 불완전한 나 자신과 매번 부딪치는 게 괴로웠던 건 아닐까. 무지했을지언정 무력하지 않았음에도 나는 '행동하지 않음'을 택했다. 그렇게 무력한 인간으로 남았다.

그런 내가 이 책의 원고를 쓰면서 생각을 고쳐 잡았다. '실행'을 중심에 둔 언더독스의 10년사와 액트프러너들의 이야기는 내게 3가지 관점을 갖게 해줬다. '그때의 내가 알았다면 좋았겠다'는 생각이 드는 구절들이었다.

하나, 창업에는 생각보다 더 오랜 시간이 걸린다

처음 창업이라는 세계를 접하면서 알게 모르게 조급함이 생겼다. 당장 할 일은 넘쳐나는데 진전은 없는 것 같았다. 제대로 된 수익구조를 만들어야 한다는 불안감과 이대로 허송세월 하는 게 아닌가 싶은 불확실성이 조바심에 불을 지폈다. 하지만 액트프러너의 표본이 된 언더독스의 10년을 정리하면서 자연스레 의문도 해소됐다. 실행은 그 자체로 중요하거니와 짐작한 것보다 더 많은 시간이 드는 '과정'이다. 그럼에도 묵묵히 실행하는 것, 변화무쌍한 환경에 적극적으로 적응하며 나아가는 것이 액트프러너의 숙명이다.

실행에 인내심을 더하기 위해 '관점'이 필요하다. 액트프러너로서 가고자 하는 방향을 치열하게 숙고해야 한다. 매출, 유저 수, 투자 규모와 같은 숫자만으로 대체할 수 없는 요소다. 사업적으로 성장하더라도 관점이 부재하면 고꾸라질 수 있다. 첫 창업때 내가 그랬던 것처럼. 이제 와 아쉬움이 남는다. 만약 스스로 실행의 방향을 명료하게 정의했다면 어땠을까. 그랬다면 당장은 막막해도 창업의 여정을 조금 더 견디지 않았을까. 다행히 언더독스의 10년은 "앞으로 그러면 된다, 나는 할 수 있다"고 말해주는 좋은 선례다.

둘, 실행해야만 실현할 수 있다

창업팀에 합류한 초창기, 나는 아이디어와 의지가 앞서는 사람이었다. 뭐라도 해야 한다는 마음 때문이기도 했지만, 기본적으로 상상을 즐기는 타입이었다. 이상이나 몽상에 머물지 않고 이를 구현하려면 실행해야 한다. 몸을 움직여 고객에, 시장에, 세상에 부딪쳐야만 비로소 창업가는 그 상상을 미래에서 현재로 당길 수 있다. 하지만 그 시절의 내게는 액트프러너로서의 추진력이 부족했다. 막상 상상을 현실로 만들기 위한 도전이나 기꺼이 실패하는 데 인색했다. 실패하는 자신을 회피하고 싶었다.

액트프러너로서 자기만의 실마리를 찾은 창업가들 이야기는 실행해야만 실현할 수 있다는 교훈을 남겼다. 완벽해 보이는 아이디어를 넘어, 불완전하더라도 온전히 실행할 때 삶의 주인이 될 수 있다는 뜻이다. 이런저런 상상으로 똑같은 패턴만 반복하기보다는 부족하더라도 현상에 균열을 내고 삶의 의외성을 길어 올려야 훨씬 근사한 결말에 도달할 수 있으리라. 그래야만 길을 만들 수 있다. 이 간단한 진리를 창업했을 때는 실천하지 못했다. 이제라도 과거에 갇히지 말고 점차 새로워지자고, 실패를 통해 실체를 만들어 가자고 다짐했다.

셋, 실행의 균형감각을 잃지 않는 게 중요하다

실행이라는 키워드에는 불도저마냥 밀어붙이는 이미지, 독불장군 같은 인상이 따라붙곤 한다. 성과 기준을 높게 잡는다는 점에서 추진력과 맞닿아 있는 지점이다. 그러나 액트프러너십에 관한 책을 집필하면서 실행 중심의 마인드셋은 훨씬 다층적임을 알게 됐다. 액트프러너십은 실행을 통해 최선을 지향하는 태도지, 무조건 결과지향적으로 내달리는 것이 아니다. 액트프러너의 5가지 역량에는 추진력만 있는 게 아니다. 협업 능력, 회복탄력성, 시장 중심 관점도 실행을 가능케 하는 요인이다.

특히 언더독스가 육성한 액트프러너들의 이야기를 취재할 때 "여러 사람이 힘을 합칠 때 액트프러너십이 발현된다"는 대목에 눈길이 갔다. 액트프러너의 오각형은 한 사람이 아니라 팀의 구성원들이 상호 보완을 통해 완성한다는 것이다. 이러한 관점에서 실행은 팀워크의 산물이다. 팀이 서로 이해하고 각자 강점을 살려 협동할 때 액트프러너십이 드러난다. 마치 5인6각 경기를 하듯이 한 걸음씩 함께 나아가는 감각이 액트프러너의 상(像)에 좀 더 가까우리라. 그러니 더더욱 실행의 균형감을 잃지 않는 게 중요하다는 걸 배웠다.

흔들리더라도 견디고 나아갈 당신을 응원한다

교훈은 여기까지. 이 책의 마침표를 찍으며 책장을 덮을 때 '실행한 것 같은 느낌'만 안고 가지는 않기를 바란다. '지금 알고 있는 걸 그때도 알았더라면' 하고 아쉬워하는 데서 그쳤다가는 같은 실수를 반복할 뿐이다. 그러니 이 책의 끝자락이 나의, 당신의 시작이 돼야 한다. 과거를 되돌릴 순 없더라도 아직 오지 않은 미래를 만들어 갈 수는 있지 않을까. 그러기 위해 나의 실행은 어떤 모습이어야 할까. 실행의 방향과 크기, 과정과 역동성을 되새기며 다시금 불확실성에 뛰어들 차례다. 그때, 이 책은 비로소 진정한 완결에 다다를 수 있다.

꼭 사업가가 아니더라도 액트프러너십은 유효하다. 누구에게나 인생에 한 번, 남들이 뭐라든 내가 꼭 도전하고픈 한 가지는 있기 마련이다. 나를 나답게 채워줄 그 한 가지에 다가갈 때 누구나 '창업가'가 된다. 그러니 앞선 액트프러너들의 전언을 잊지 말자. 길을 찾아 헤맬 때 실행은 곧 생존 전략이 된다. 실행하는 당신은 돈키호테다. 당장은 그 길의 끝을 알 수 없겠지만, 알 수 없기에 전진하며 나아가야 한다. 흔들리며 피는 꽃처럼 당신도 충분히 흔들리길 바란다. 진흙탕에 발을 딛고 하늘을 바라보는 당신, 연꽃 같은 실행의 순간들을 응원한다.

〈이룰 수 없는 꿈〉(뮤지컬 '맨 오브 라만차' 中)
그 꿈, 이룰 수 없어도
싸움, 이길 수 없어도
슬픔, 견딜 수 없다 해도
길은 험하고 험해도

정의를 위해 싸우리라
사랑을 믿고 따르리라
잡을 수 없는 별일지라도
힘껏 팔을 뻗으리라

2025년 2월

김지윤

출처

1장.

https://futurechosun.com/archives/33772
https://contents.premium.naver.com/theanswer/seouletter/contents/221021173431928mr
https://underdogs.co.kr/portfolio-items/%EC%96%B8%EB%8D%94%EB%8F%85%EC%8A
%A4-%EC%82%AC%EA%B4%80%ED%95%99%EA%B5%90-8%EA%B8%B0/
https://youtu.be/s71nJQqzYRQ?si=dzkHem_QXsGQnvKm
https://m.dongascience.com/news.php?idx=9856
https://www.eroun.net/news/articleView.html?idxno=24191
https://brunch.co.kr/@freshman/15
『피터 드러커의 다섯 가지 경영원칙』(피터 F. 드러커/아시아코치센터/2010.02.11)
https://socialvalueconnect.com/community/299.do
https://underdogspartner.oopy.io/745bea03-aca0-4a6d-a62d-13211590bb25
https://www.startyours.co.kr/main/formmail.jsp?ch=intro
https://eopla.net/magazines/24242

2장.

Karol Śledzik, 「Schumpeter's View on Innovation and Entrepreneurship」, SSRN Electronic Journal, 2013. 04.
https://masschallenge.org/articles/etymology-entrepreneur/
https://economist.co.kr/article/view/ecn202401020044
Jean Baptiste Say, 『A Treatise on Political Economy, Or, The Production, Distribution, and Consumption of Wealth』, 1803
https://platum.kr/archives/15587
Christian Bruyat & Pierre-André Julien, 「Defining the Field of Research in Entrepreneurship」,

Journal of Business Venturing, 2001. 03.

Kaletsky, Anatole, 『Capitalism 4.0』, Public Affairs, 20110 06. 28.

https://www.researchgate.net/publication/353482890_Social_Entrepreneurship_Origins_Trends_and_Future_Directions

https://news.einfomax.co.kr/news/articleView.html?idxno=4243363

『시대예보: 핵개인의 시대』(송길영/교보문고/2023.09.25)

https://trendmonitor.co.kr/tmweb/trend/allTrend/detail.do?bIdx=1818&code=0404&trendType=CKOREA

「언더독스 사회성과 연구 보고서」, 임팩트리서치랩, 2024. 01

https://m.blog.naver.com/bizinfo1357/222324537742

남정민 외, 「국내 창업환경 및 창업인식 변화에 관한 연구: 2016년과 2021년 변화를 중심으로」, 벤처창업연구, 2024., vol.16, no.6

https://eopla.net/magazines/23689

이득규, 김경환, 「예비창업자의 내적 요인과 외적 요인이 창업의도에 미치는 영향: 창업교육의 조절효과를 중심으로」, 생산성 논집, 2020. 10. 23.

https://www.etymonline.com/kr/word/responsibility

https://stvp.stanford.edu/clips/when-steve-jobs-returned-to-apple/

https://economychosun.com/site/data/html_dir/2016/02/05/2016020500005.html

https://dbr.donga.com/article/view/1203/article_no/5518/ac/search

https://www.yna.co.kr/view/AKR20240927155000030

『공격의 전략』(베넴 타브리치/미래의창/2024. 06. 28)

https://www.inc.com/jeff-haden/nike-internal-memo-company-culture.html

https://oak.go.kr/central/journallist/journaldetail.do?article_seq=19360

https://www.lecturernews.com/news/articleView.html?idxno=675

https://blog.clap.company/coaching_leadership/

『빌 캠벨, 실리콘밸리의 위대한 코치』(에릭 슈미트, 조너선 로젠버그 외/김영사/2020. 07. 24)

https://www.specter.co.kr/blog/%EC%BD%94%EC%B9%AD-%EB%A6%AC%EB%8D%94%EC%8B%AD-%EC%8A%A4%ED%83%80%EC%9D%BC-%ED%9A%A8%EA%B3%BC-%EB%A6%AC%EB%8D%94-%EB%85%B8%EB%A0%A5

3장.

https://www.newstree.kr/newsView/ntr202406200019

https://www.ulkyung.kr/news/articleView.html?idxno=31100

https://story.s-oil.com/2024/05/31/%EB%8B%A4%EC%8B%9C-%EC%93%B0%EB%8A%94-%EC%82%B0%EB%8D%94%EB%AF%B8-%EC%9E%A5%EB%82%9C%EA%B0%90%EC%9C%BC%EB%A1%9C-%EC%A7%80%EA%B5%AC%EA%B0%80-%EB%B0%98%EC

%A7%9D%EB%B0%98%EC%A7%9D-%EC%BD%94%EB%81%BC/
https://www.fortunekorea.co.kr/news/articleView.html?idxno=32878
http://www.brandtimes.co.kr/news/articleView.html?idxno=3262
http://www.soraknews.co.kr/detail.php?number=30378&thread=33
https://www.instagram.com/p/DCvXFbsPpQT/?utm_source=ig_web_copy_link&igsh=MzRlODBiNWFlZA==
https://www.hani.co.kr/arti/economy/startup/925787.html
https://www.casenews.co.kr/news/articleView.html?idxno=12058
https://www.sedaily.com/NewsView/29KNFKT0O1
https://www.sedaily.com/NewsView/29KNFKT0O1
https://www.seoul.co.kr/news/economy/industry/2024/08/20/20240820018006
https://www.asiae.co.kr/article/2024120416490293509
https://www.gosiweek.com/article/1065574037173324
https://blog.naver.com/jihaksa_mom/22340
https://blog.naver.com/jihaksa_mom/223406313349
https://youtu.be/m-agNHUKDrs?t=291

4장.

https://www.mss.go.kr/site/smba/foffice/ex/linkage/linkageView.do?target=T001&cont_knd=T001&b_idx=678
https://www.womennews.co.kr/news/articleView.html?idxno=243437
https://www.chosun.com/national/education/2024/08/13/ZGIBBLWFY5DTFPPBE3YFESE5EI/
https://eopla.net/magazines/22569
https://www.nongmin.com/article/20240221500469
https://www.newsis.com/view/NISX20240110_0002587208
https://www.1conomynews.co.kr/news/articleView.html?idxno=25738
https://m.segyebiz.com/newsView/20240508518242
https://www.mckinsey.com/mgi/our-research/asia-on-the-cusp-of-a-new-era
https://www.imf.org/en/Blogs/Articles/2023/10/13/asia-continues-to-fuel-global-growth-but-economic-momentum-is-slowing
https://www.imf.org/en/Blogs/Articles/2024/04/29/asias-growth-and-inflation-outlook-improves-but-risks-remain
https://www.adb.org/news/developing-asia-and-pacific-unprepared-challenges-aging-population
https://www.hankyung.com/article/202407076963i

https://www.asiatomorrow.net/articles/time-to-change-director-of-the-most-vibrant-startup-community-in-japan-reveals-signs-of-japanese-venture-trends

https://www.forbesindia.com/article/15th-anniversary-special/how-india-became-the-worlds-third-largest-startup-hub-in-15-years/93177/1

https://www.weforum.org/stories/2024/12/india-startup-entrepreneur-trends/

https://udhustle.imweb.me/home?utm_source=naver&utm_medium=cafe&utm_campaign=0220

https://udhustle.imweb.me/home/?q=YToxOntzOjEyOiJrZXl3b3JkX3R5cGUiO3M6MzoiYWxsIjt9&bmode=view&idx=18126065&t=board

『나는 왜 이 일을 하는가』(사이먼 사이넥/타임비즈/2013. 02. 01)

https://underdogs.co.kr/contents/blogs/%ed%98%81%ec%8b%a0%ec%a0%81%ec%9d%b8-%ec%b0%bd%ec%97%85%ea%b0%80%eb%a1%9c-%ea%b1%b0%eb%93%ad%eb%82%98%eb%8a%94-7%eb%8b%a8%ea%b3%84-%eb%b9%84%eb%b0%80/

https://underdogs.co.kr/contents/blogs/dogs-%EC%B0%BD%EC%97%85%EA%B0%80-%EC%84%B1%ED%96%A5-%EC%A7%84%EB%8B%A8-%EB%8F%84%EA%B5%AC/

부록 1

언더독스, 10년의 액트프러너십 타임라인

2014년	김정헌 대표, 문성화 부사장, 우영승 파트너가 뜻을 모아 팀 빌딩에 나섰다. 아직 변변한 사무실조차 없었다.
2015년	여러 사업 아이템을 시도했지만 잘 풀리지 않았다. 수익 모델을 고민하다가 '무료 창업 교육'에 관한 아이디어가 나왔다.
2015년	언더독스 창업사관학교 1기가 열렸다. 숙식을 같이하면서 6주간 총 300시간의 창업 교육을 무상으로 제공했다. 창업하고자 하는 인재들을 모으는 데 성공했다. 교육을 진행하면서 동시에 고도화하는 실행의 연속이었다.
2015~2016년	창업 교육에 대한 소문이 나기 시작하면서 기업을 대상으로 한 브랜디드 교육 기회가 생겼다. 코웨이 청년창업사관학교(Coway Wi School), 애경그룹 사내 교육 등을 기획해 진행했다.

2017년	14주 풀타임 몰입형 창업 교육 'KT&G 상상스타트업캠프', 환경창업 트렌드를 접목한 'GS SHOP 소셜임팩트 프로젝트' 등 최초로 시도하는 창업 교육이 늘어났다.
2018년	지주회사 뉴블랙을 설립했다. 언더독스는 창업 교육 및 창업가 육성에 집중하고, 이후 컴퍼니빌딩 및 투자를 맡는 주체를 분리해 명시했다.
2018년	'LG 소셜캠퍼스 로컬밸류업'이라는 창업 교육 프로그램을 기획, 운영하면서 처음으로 지역 기반 창업 교육을 시도했다.
2018년	아시아 4개국에서 사회혁신 업계 관계자들을 직접 초청해 '아시아 투모로우 네트워크'라는 교류 프로그램을 진행했다.
2019~2021년	SK이노베이션 E&S와 함께 군산의 지역 문제를 해결하는, 최초의 정주형 창업 교육 '로컬라이즈 군산'을 운영했다. 실전형 창업 교육 외에 코워킹 스페이스, 페스티벌 등 로컬에 맞는 창업 교육을 기획하는 계기가 됐다.
2019-2020년	황두진 건축가와 함께 종로에 건물을 매입해 현재의 언더독스 사옥을 만들었다. 코로나19가 본격화하면서 전사적인 위기를 직면했다.
2020-2021년	100% 비대면 창업 교육 플랫폼 '언더독스 아카이브'를 론칭했다.
2021년	까르띠에 여성 창업 이니셔티브(Cartier Women's Initiative)와 함께 예비 창업가부터 3년 미만에 해당하는 초기 여성 창업가 커뮤니티 '언더우먼 임팩트 커뮤니티'를 론칭했다.
2022년	하나금융그룹과 함께 국내 최초로 전국 10개 대학(2023년 30개로 확장)을 거점으로 삼는 '하나 소셜벤처 유니버시티'를 론칭했다. 지역 창업가뿐만 아니라 창업 코치까지 육성하면서 전국적인 창업 인프라와 접근성 문제를 해결하는 액션이었다.

2023년	본그룹과 함께 창업가 발굴대회를 개최했다. 직접적으로 본그룹과의 협업을 희망하는 창업가를 발굴해 연결하는 액션이었다.
2023년	네이버와 함께 중소형 기업(SME) 브랜드의 성장을 돕는 '네이버 SME 브랜드 런처'를 선보였다. 시장 및 지역 조사, 이해관계자 취재, 가설 검증 등 소상공인 창업가를 위한 교육 프로그램으로 외연을 넓혔다.
2024년	청년, 청소년, 선생님, 여성 등 다양한 창업 주체를 대상으로 액트프러너 교육을 기획, 운영했다. NH, 환경재단(DB손해보험) 등 유수의 대기업과 여러 지자체, 대학과도 창업 교육을 진행했다.
2024년	다양한 사회 가치를 측정하고 평가하는 한국사회가치평가를 인수해 ESG 전략 수립부터 실행, 가치 측정과 평가까지 아우를 기반을 닦았다.
2025년	'좋은 비즈니스'의 가치를 보다 넓고 깊게 실현하고자 사명을 '유디임팩트'로 변경했다. 또한, 가치 기반 비즈니스를 더 탄탄히 만들어가기 위해 일자리 창출에 앞장서는 직무교육 기업 F-Lab을 인수했다.

부록 2

'좋은 실행'을 위한 코칭의 역할

언더독스 유연성 파트너

액트프러너가 진정으로 성공하기 위해서는 단순한 실행을 넘어 문제의 본질을 깊이 파고들 수 있어야 합니다. 물론 창업의 여정은 막막하고, 어디에 집중해야 할지 모호할 때도 많습니다. 이때 언더독스 코치는 밀착형 코칭으로 액트프러너를 지원합니다. 창업가와 함께 문제를 정의하고, 우선순위를 정리하며, 실행 가능한 대안을 제시하는 데 중점을 둡니다. 창업가가 스스로 답을 찾을 수 있도록 돕는 코칭은 단순한 조언을 넘어 함께 고민하고 실행하며 성장하는 과정의 동반자가 되는 것을 목표로 합니다.

반려동물 친환경 브랜드 '로렌츠'를 서비스하는 ㈜다정한마켓은 언더독스 교육 프로그램에서 만난 가장 기억에 남는 팀 중 하나입니다. 그들의 여정은 도전과 변화를 두려워하지 않고 실행을 통해 문제를 해결하며 시장의 가능성을 탐색해간 모범적인 사례였습니다. 다정한마켓은 언더독스 교육 참여 전에 반찬 배송 사업을 하고 있었지만, 이후 못난이 농산물을 활용한 반려동물 간식 사업으로 피봇하여 새로운 가능성을 모색했습니다.

그들의 문제의식은 "가족과도 같은 반려동물에게 안전하고 질 좋은 간식을 제공하고자 하는 고객의 니즈"에서 출발했습니다. 겉보기에는 볼품없어도 맛과 영양소에는 문제가 없는 못난이 농산물을 활용한다는 아이디어는 혁신적이었고, 타 지원사업에서 지원금을 받을 만큼 가능성을 인정받았습니다.

다정한마켓은 아이디어를 검증하기 위해 빠르게 제품을 출시했지만, 초기 반응은 기대에 미치지 못했습니다. 이런 상황에서 언더독스 교육에 참여하여 문제의 본질과 해결책을 모색했습니다.

코칭 과정에서 다정한마켓은 여러 가설을 검증했습니다. 고객이 진정으로 원하는 것이 무엇인지, 제품의 가치를 어떻게 전달할지 심도 있는 논의가 이어졌습니다. 그 결과, 그들의 제품은 국산 농산물을 사용한다는 점과 건강한 간식이라는 점이 강점임을 알게 됐습니다. 문제는 고객이 이러한 강점을 쉽게 파악하지 못한다는 점이었지요. 결국, 다정한마켓은 패키지 디자인의 전면 개편을 돌파구로 택했습니다.

이미 만들어둔 패키지 재고가 많이 남아 있었지만, 이들은 새로운 검증을 과감하게 시도했습니다. 최소한의 시간과 자원을 활용하여 새로운 패키지 디자인에 대한 A/B 테스트(단일 변수에 대한 2가지 버전을 비교하는 방법)를 실행했습니다. 공원에서 견주들을 인터뷰하여 기존 디자인과 새로운 디자인의 반응을 비교한 결과, 가장 긍정적인 반응을 이끌어낸 시안을 선택했습니다.

패키지를 변경한 후, 다정한마켓은 비즈니스의 가능성을 다시 발견하게 되었고, 현재까지 누적 판매량 백만 스틱을 넘어서는 성과를 이루어냈습니다.

다정한마켓은 창업가의 실행력과 문제 해결 능력 그리고 시장 중심 관점을 보여주는 대표적인 사례입니다. 이 모든 과정에서 코치들은 창업가가 진정으로 고민해야 할 부분을 함께 탐색하며, 실행 가능한 대안을 제시하는 데 초점을 맞췄습니다.

액트프러너십 교육에서 코치가 가장 많이 고민하는 부분은 '이 사업의 고객은 누구인가', '고객은 왜 이 아이템을 필요로 하는가'라는 질문입니다. 창업팀의 사업 계획서를 처음 접하는 순간부터 이러한 고민이 시작됩니다. 고객에 대한 고민이 깊지 않다면 아무리 열심히 실행해도 성과와 연결되지 않는 경우가 많습니다. 코치의 역할은 창업가가 집중해야 할 고민을 정리하고, 그들이 지치지 않고 달릴 수 있도록 돕는 페이스메이커입니다. '지금 무엇을 고민해야 하는가'와 '지금은 이것을 고민해야 한다'를 구체화해주는 역할이 그 본질이지요.

다정한마켓의 성공 사례는 실행력과 문제 해결 능력이 얼마나 중요한지, 코칭과 시스템 지원이 어떻게 시너지를 발휘할 수 있는지를 적절히 보여줍니다. 언더독스의 코치로서 창업가와 함께 고민하고 실행하며, 그들의 성공을 위해 끊임없이 변화를 모색해온 과정은 (앞으로도 고민이 많겠지만) 실행과 시행착오, 새로운 성과의 연속이었습니다. 언더독스는 단순한 교육 기관 역할을 넘어 창업 생태계에서 창업가와 동반자로 함께 성장해가게 되기를 희망합니다.

액트 프러너
실행을 성공으로 바꾼 창업가들

초판 1쇄 발행 2025년 4월 20일

지은이	언더독스·김지윤
펴낸이	이가희
책임편집	노준승
디자인	studio forb
제작	공간코퍼레이션
펴낸곳	찌판사
출판등록	2022년 1월 10일 제 2022-000010호
E-mail	gahee@newdhot.com

ⓒ 언더독스·김지윤 2025
ISBN 979-11-986942-5-6 (03320)

책값은 뒤표지에 적혀 있습니다.
이 책은 저작권법에 따라 보호받는 저작물이므로 무단전재와 무단복제를 금합니다.